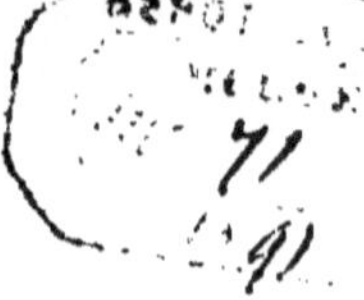

ÉTUDE

SUR L'INSTITUTION

DES

CONSULS DE LA MER

AU MOYEN-AGE

PAR

LUCIEN DE VALROGER

DOCTEUR EN DROIT
AVOCAT AU CONSEIL D'ÉTAT ET A LA COUR DE CASSATION
ANCIEN PRÉSIDENT DE L'ORDRE

PARIS

L. LAROSE ET FORCEL

Libraires-Éditeurs

22, RUE SOUFFLOT, 22

1891

ÉTUDE

SUR

L'INSTITUTION DES CONSULS DE LA MER

AU MOYEN-AGE

Extrait de la *Nouvelle Revue historique de droit français et étranger*,
Janvier-Février, Mars-Avril 1891.

ÉTUDE

SUR L'INSTITUTION

DES

CONSULS DE LA MER

AU MOYEN-AGE

PAR

LUCIEN DE VALROGER

DOCTEUR EN DROIT
AVOCAT AU CONSEIL D'ÉTAT ET A LA COUR DE CASSATION
ANCIEN PRÉSIDENT DE L'ORDRE

PARIS

L. LAROSE ET FORCEL

Libraires-Éditeurs

22, RUE SOUFFLOT, 22

1891

IMPRIMERIE
CONTANT-LAGUERRE

LVX VITAM

BAR LE-DUC

ÉTUDE

SUR

L'INSTITUTION DES CONSULS DE LA MER

AU MOYEN-AGE.

Dans les communes libres du moyen-âge, nous trouvons à côté des représentants de la commune les *consuls des marchands* chargés de pourvoir aux intérêts du commerce et investis de droits de juridiction. Le commerce maritime avait ses coutumes particulières comme l'attestent de nombreux monuments : il dut avoir aussi ses juges spéciaux. Les gens de mer pas plus que les marchands ne pouvaient d'ailleurs s'accommoder de la procédure barbare du combat judiciaire qui, jusqu'au xiie siècle, servit à régler les procès civils. Dans les assises de Jérusalem (assises des Bourgeois, ch. xi.), il est question d'une *cour de la mer :* on y lit ce qui suit : « Puis « que nous avons dit desus des autres raizons, si vous dirons « si après la raizon des emprunts et de ceaux qui vont sur « mer. Bien sachies sil homes qui vont sur mer se il avient « que il aient acun contrast a leurs mariniers de geter pour « mautems ou pour acun autre chose dou vaisel, la raizon « commande que ce soit jugié par la court de la mer, *pour ce* « *que en la court de la mer n'a point de bataille ne pour de-* « *man le de celui veage :* et en *la court des bourgeois* doit avoir « *bataille* se la querelle passe un marc d'argent. » En matière criminelle la cour de la mer était incompétente, mais les gens de mer n'étaient pas du moins soumis à l'épreuve du combat judiciaire, ils étaient jugés sur les dépositions reçues par les *jurés de la mer* (1).

On sait que les assises rédigées par Godefroy de Bouillon

----

(1) Assise des Bourgeois, ch. xl-xliv.

en 1099 pour le royaume de Jérusalem, ne l'ont été qu'après enquête sur les usages des croisés dans *leurs terres* et que les assises ne reflètent en général que des usages constatés. Divers chapitres des assises furent, il est vrai, introduits postérieurement sous les successeurs de Godefroy de Bouillon. On pourrait toutefois induire des passages relevés dans les assises que dès le xie siècle, l'institution des cours de mer avait déjà pris naissance. C'est ce que confirme M. Pardessus en disant que des usages anciens constatés par des chartes du xie siècle constatent l'existence de tribunaux spéciaux pour le jugement des contestations maritimes connus assez généralement sous le nom de *consuls ou magistrats de la mer* (1).

Dans un statut de Trani nous trouvons une série de décisions des consuls de la mer : *propone et dice et diffinisce li dicti consuli de mare.* Or, l'ordonnance de Trani porte la date de 1063. Malheureusement l'authenticité de cette date peut être suspecte par deux raisons : 1° M. Pardessus constate que l'ordonnance de Trani a été imprimée à la suite des statuts de Fermo imprimés seulement à Venise en 1507 ; 2° l'italien des statuts de Trani ne concorde pas avec la langue usitée en 1063. M. Pardessus cependant incline à penser que la date de 1063, peut être maintenue, et que le texte italien de 1507 ne serait que la traduction d'un texte plus ancien (2).

A la fin du xviiie siècle, un savant italien Masi a réclamé pour Pise l'honneur d'avoir inauguré l'institution des consuls de la mer (3), tandis que le savant espagnol Capmany a réclamé le même honneur pour l'Espagne (4).

La publication faite de nos jours par Bonaini de statuts de Pise qui étaient restés inédits (5) a jeté une lumière nouvelle sur les institutions de cette florissante république et notamment sur l'institution des consuls de la mer, sur leur caractère et leurs attributions. Un auteur allemand, M. Adolf Schaube

---

(1) V. Pardessus, *Lois marit.*, V, p. 271.

(2) Pardessus, *Lois marit.*, V, p. 218.

(3) *Chirone Epidaurico ragionamento della navigazione e commercio della republicana Pisana.* Pise, 1797, note 24, p. 91.

(4) *Memorias historicas sobre la marina, comercio y artis de Barcelona.* 1779.

(5) *Statuti inediti della cita di Pisa*, ed. Francisco Bonaini I-III, Firenze, 1859-1870.

a mis à profit ces documents pour composer sur le consulat de
la mer à Pise un livre très intéressant (1), mais peut-être un
peu trop absolu dans ses conclusions. Suivant M. Schaube, le
consulat de la mer aurait pris naissance *à Pise*, c'est là qu'il
aurait *pris racine* (*wurzelt*) (2). Ce qui paraît du moins pro-
bable, c'est que le consulat a eu son origine en Italie, où il
existait certainement au commencement du xiiie siècle.

L'institution du consulat de la mer qui a donné son nom à
l'un des plus importants monuments de l'ancien droit maritime (3), mérite doublement d'attirer notre attention.

Les cours maritimes et en particulier les consuls de la mer
ont eu la plus grande part dans la formation du droit maritime. Les juridictions maritimes ont constaté les coutumes
locales, les ont modifiées, suivant les besoins, à l'instar des
préteurs romains, puis les coutumes particulières se sont rap-
prochées, fondues dans de grands recueils qui, comme le
Consulat de la mer, ont eu la bonne fortune de laisser à l'arrière plan les coutumes particulières, et ainsi s'est formé avec
le temps ce droit commun maritime qui fait encore le fond de
la législation anglaise (*the maritime law general*), et qui a
servi de base à tous les Codes modernes (4).

Le consulat de la mer est aussi un trait de plus à ajouter au
tableau si intéressant des libertés municipales au moyen-âge.
Là même où le consulat de la mer ne nous apparaît pas
comme une création libre et indépendante de corporations
maritimes, il se rattache presque toujours par les liens les
plus étroits à ces corporations.

C'est dans le bassin de la Méditerranée que se révèle à nous
l'institution des consuls de la mer. Nous en rechercherons les
principaux vestiges. Mais auparavant je voudrais tracer les
grandes lignes de cette institution, préciser son caractère, et
le rôle qu'en général elle a été appelée à jouer.

Le consulat nous apparaît comme une magistrature tempo-

---

(1) *Das Konsulat des Meeres in Pisa.* Leipzig, 1888.

(2) Schaube, p. 285.

(3) Nous parlerons plus loin du Recueil connu sous le nom de *Consulat de
la mer.*

(4) C'est ainsi qu'à Ancône Straccha écrivant au milieu du xvie siècle ne
connaît que le *Consulat* et ne parle pas de l'ancien droit d'Ancône.

raire et élective. Nous trouverons toutefois sous le nom de *consules maris*, de véritables fonctionnaires d'Etat.

Presque partout les consuls de la mer ont dans leur dépendance et sous leur surveillance les consuls établis à l'étranger pour la protection et dans l'intérêt des nationaux appelés *consules nationum*, *consules ultra mare*, *consules missi*. L'usage d'instituer des consuls à l'étranger est très ancien. *Officium consulum nationum est antiquissimum*, dit un vieux statut de Gaëte, rapporté par M. Pardessus dans sa collection des Lois maritimes (1). La faculté d'envoyer à l'étranger un consul résident ne pouvait, toutefois, résulter que de traités et conventions entre Etats, et par suite les pouvoirs de ces consuls devaient varier. Constatons en passant qu'en général la police était déjà réservée à l'autorité locale. L'ancien statut de Gaëte déclare l'étranger soumis au point de vue des règlements du port, de la douane, au capitaine du port et autres autorités locales; mais entre nationaux, *inter subditos*, le consul reste seul compétent, et la partie assignée devant un autre juge peut toujours décliner sa compétence. Le consul est assisté de conseillers. A Gaëte, quand il s'agit de causes maritimes le consul se fait assister de navigateurs, et prend au besoin le conseil d'un jurisconsulte, *consilium sapientis*. D'après le statut de Gaëte, les *consules nationum* sont nommés *per electionem, seu litteras, seu per privilegium regis hujus regni*. La nomination d'un consul étranger réservée à Gaëte ne pouvait être en effet qu'un privilège (2). Nous verrons qu'à Pise et dans diverses autres villes les consuls *d'outre mer* étaient élus par les *consuls de la mer* qui leur donnaient eux-mêmes leurs instructions. A Marseille, au contraire, ils étaient élus *a rectore communis* (3).

Nous devons signaler deux autres espèces de consuls qu'il ne faut pas davantage confondre avec les consuls *de la mer*.

(1) Pardessus, t. V, p. 251.

(2) Il faut voir aussi sans doute une exception dans cette disposition du statut qui exige que les consuls soient citoyens de Gaëte : « nec possunt esse « forenses in ipsa civitate Caietæ sed debent esse cives. » — Comp. Ordonn. Espagnoles de 1311, pour les consuls de Sicile; de 1381, pour le consulat d'Alexandrie; de 1386 pour le consulat de Damas. — V. Pardessus, V, p. 367, 473, 478.

(3) Statut de Marseille de 1253. V. Pardessus, V, p. 250.

Là où il n'y avait pas de consul *envoyé* (*missus*), soit faute de traité, soit faute de titulaire, divers États maritimes avaient reconnu à leurs nationaux le droit de se choisir un consul provisoire. D'après le statut de Pise, dès que cinq marchands Pisans se trouvaient réunis, ils pouvaient se choisir un consul (1). Nous verrons qu'à Pise ces consuls *élus* étaient également sous la dépendance des consuls de la mer.

A plus forte raison ne saurait-on confondre avec les consuls de la mer les consuls voyageurs qui étaient nommés au début d'une expédition maritime pour suivre et accompagner le navire pendant son voyage. « Les consuls d'Ancône, disent les sta- « tuts (2), nommeront avant qu'un navire anconitain com- « mence un voyage hors du golfe un consul pris parmi les « marchands qui sont sur le navire, les plus probes et les plus « capables; mais ils ne pourront nommer à cet office un patron « ou un copropriétaire du navire, et semblablement nul patron « ou copropriétaire d'un navire ne peut en être l'écrivain, sous « peine de 25 livres de petits anconitains (*anconitani piccioly*). « Ledit consul et les marchands d'Ancône qui seront présents « nommeront deux marchands entre eux qui seront et devront « être conseillers dudit consul, et avec le conseil de ces deux « personnes ou d'une d'entre elles, le consul pourra et devra « juger et décider les contestations qui seront portées devant « lui (3). »

Les consuls de la mer ont en général à la fois des attributions administratives et judiciaires. Quelquefois, cependant, les consuls de la mer ont plutôt un rôle administratif que judiciaire.

Mais celui-ci finit par prévaloir. Dès la fin du xive siècle,

(1) *Breve communis*, rub. 38. Le statut de Marseille exige le nombre de 10. Et si forte contigerit quod alicubi sint X vel XX homines de Massilia vel plures ubi non sint consul vel consules statuti... liceat eis... per se consules Massilie eligere. Pardessus, V, p. 258.

(2) Rub. 47. Pardessus, *Lois marit.*, V, p. 156.

(3) M. Desjardins, dans sa savante Introduction historique du droit maritime (p. 29), cite une charte octroyée en 1069 par Philippe Ier, roi de France, au tribunal royal d'Aigues-Mortes permettant de conférer une *pleine juridiction* sur la présentation des consuls à un habitant du lieu pour voyager avec le navire. Les navires armés en course avaient eux-mêmes leur consul (V. Ordonn. Espagnole du xive siècle, reproduite par Pardessus, V, p. 429).

l'institution des consuls de la mer perdit son caractère propre, et tendit de plus en plus à se confondre avec celle des consuls des marchands.

C'est en Italie que nous trouvons le plus anciennement des consuls de la mer. Tournons donc d'abord nos regards de ce côté, en commençant par Pise.

Pise.

Alors même que Pise ne pourrait être considérée comme le berceau de l'institution, c'est là qu'elle paraît avoir pris le plus d'importance et que nous trouvons sur le sujet les plus riches sources d'information.

Pise a eu au moyen-âge une grande puissance maritime. Qu'en reste-t-il aujourd'hui? Pise attire encore par quelques restes de son ancienne splendeur, par ses églises, par son baptistère de formes si élégantes, sa singulière tour penchée, son *campo santo* décoré des célèbres fresques d'Orgagno et de Gozzoli, où se trouvent suspendues les anciennes chaînes qui fermaient son port maritime. Mais ces chaînes sont presque le seul vestige de ce port, et de la puissance maritime de Pise. La célèbre bataille de Meloria dans laquelle les Génois détruisirent en 1254 la flotte de Pise, fut un coup terrible. Pise, toutefois, s'en serait peut-être relevée, si elle n'avait eu à compter avec un fléau plus terrible que la guerre, plus terrible que la rivalité de Gênes et de Florence. Pise n'a jamais été à proprement parler une cité maritime. Située sur l'Arno, elle avait son port à l'embouchure. Les alluvions incessantes du fleuve qui ont toujours rendu difficile l'accès du port, ont fini par le combler, et aujourd'hui on n'en trouve même plus de traces. Livourne a pris la place de Pise, en sorte qu'on a pu dire de Pise, *Pisa morta*. Mais si on remonte dans l'histoire au xiie et xiiie siècle, Pise apparaît comme la principale puissance maritime de l'Italie.

Pise avait un droit écrit, *Lex*, et un droit coutumier, *Usus*. Certaines causes étaient régies par le droit écrit, celui-ci se composait du droit Romain, de quelques emprunts faits au droit Lombard, et du droit nouveau qui s'était introduit avec le temps et se trouvait formulé dans une constitution connue sous le nom de *constitutum legis*. D'autres causes étaient jugées d'après le droit coutumier qui lui-même avait été résumé, formulé dans une autre constitution appelée *constitutum usus*. M. Pardessus, dans sa collection des lois maritimes, a donné quelques extraits du *constitutum usus* (1). Dans plusieurs passages il est question des *consuls de l'ordre de la mer (consulibus ordinis maris)*, des limites de leur compétence. Or, dans tous les manuscrits que M. Pardessus avait pu consulter, le *constitutum usus* se trouvait rapporté à la suite du *constitutum legis* et d'un préambule portant la date de 1161. M. Pardessus avait cru pouvoir en tirer cette conclusion : « Ainsi la juridiction des « consuls de mer existait en 1161 et sans doute antérieure- « ment (2). » Mais la déduction n'était logique qu'en apparence. M. Pardessus constate lui-même que les *constituta* portent des traces d'interpolations *appartenant à des époques postérieures* (3), que les consuls de mer étaient chargés de tenir les *constituta* au courant de la législation et des usages (4). Les motifs qui précèdent pouvaient déjà infirmer la conclusion de M. Pardessus. Mais les travaux critiques faits par M. Bonaini sur les statuts de Pise ont démontré que le plus ancien manuscrit des *constituta* ne remonte pas au delà de 1233. Dans les statuts des consuls suprêmes de l'Etat, qui furent plus tard remplacés par le Podestat, on trouve une liste des autorités existant à Pise en 1162 et 1164. Il y est question des *consuls des marchands :* les consuls de la Cité s'engagent à faire élire chaque année avant les calendes de février *quinque de negotiaribus consules;* mais il n'y a aucune trace des consuls de la mer (5). Un traité de paix en 1188 est conclu avec l'intervention du Pape entre Pise et Gênes. On y voit figurer trois *consules mercatorum*, trois *consules artis lanæ;* ici encore, il n'est pas question des consuls de la mer (6). Le premier document où il soit parlé des consuls de la mer est une lettre du gouvernement de Tunis, datée de 1201, par laquelle le pacha

(1) T. IV, p. 569.
(2) Pardessus, IV, p. 570, note 8.
(3) Pardessus, p. 552.
(4) Pardessus, p. 560.
(5) Bonaini, p. 5 et 29.
(6) Flamminio dal Borgo, *Raccolta de scelti diplomi Pisani*, 114.

promet sa protection aux Pisans établis dans le pays, lettre adressée à l'archevêque de Pise, aux consuls *majeurs* ou consuls de terre, *et aux consuls de la mer* (1).

Dès le principe, les consuls de la mer nous apparaissent comme une des principales autorités existant dans l'État. En 1212, un armistice est conclu entre Pise et Gênes : on voit figurer les consuls de la mer comme remplaçant les consuls et autorités de l'Etat « *consules maris Pisanorum qui carebant consulum et potestatum* (2). »

Toutefois, il est à remarquer que les consuls de la mer n'étaient pas à proprement parler des fonctionnaires de l'État, car ils sont ainsi désignés : *consules Pisanorum ordinis maris*. Ils étaient donc les représentants d'une corporation, l'*Ordo maris*.

Quelle fut l'origine de l'*Ordo maris?*

Suivant M. Schaube l'*Ordo maris* aurait d'abord été une ligue de défense. L'histoire constate qu'à la fin du xii⁰ siècle les pirates qui infestaient la Méditerranée se recrutaient en grande partie à Pise : il est souvent parlé des méfaits des pirates Pisans, des représentations, des menaces de représailles adressées à ce sujet par l'empire grec, par le royaume de Jérusalem (3). La législation de Pise sévit contre les pirates pisans à cause de leurs forfaits et des dommages qu'ils causent à l'Etat, aux citoyens (4). Mais à cette époque d'énergique initiative individuelle on ne pouvait se contenter de légiférer. Déjà en 1171, il est question d'une compagnie de nobles Pisans qui avait armé à ses frais un navire de guerre (5). Les intérêts menacés sur mer durent se concerter pour se défendre contre les pirates Pisans et autres. Puis la ligue formée pour la défense commune aurait étendu sa sphère d'action et d'influence, et serait devenue sous le nom d'*Ordo maris*, la puissante corporation qui représentait à Pise tous les intérêts maritimes.

(1) Amari, *Diplomi Arabi del R. Archivio Florentino*, p. 45.
(2) Pertz, XVIII, 132.
(3) Muller, *Documenti*, p. 73.
(4) « Ne maleficia sint imposita, et ne per quosdam malificos et raptores « universæ civitati et civibus guerra vel calamitas adveniat » (*Constitutum usus*, Bonaini, II, p. 989).
(5) Pertz, t. XIX, *ad annum*.

Telle est l'hypothèse proposée par M. Schaube sur l'origine
de l'*Ordo maris*.

Peut-être est-il plus sûr d'attribuer simplement la création
de l'*Ordo maris* à ce besoin d'union, qui tend naturellement
à rapprocher les mêmes intérêts pour leur défense commune,
qui fut le principe des corporations et des gildes au moyen-
âge, qui de nos jours se manifeste de nouveau par la création
des *syndicats* et des *unions*. C'est ainsi que nous voyons à
Gênes vers la même époque se former, dans l'intérêt du commerce de Gênes, une association offensive et défensive sous le
nom de *la compagna* (1). M. Pardessus, dans sa collection des
lois maritimes (IV, p. 283), rapporte la constitution d'une
société qui se forma au commencement du xiii° siècle, entre les
capitaines et marins de Bayonne, par laquelle ils mettent en
commun, le fret de leurs navires, s'obligeant à ne pas les faire
partir sans permission, à payer certaines taxes, à se protéger
et secourir en cas de besoin. Un capitaine ne peut pas enga-
ger un marin qui ne ferait pas partie de la société, ou s'il
engage un étranger, il doit le lier par les mêmes serments (2).
L'*Ordo maris* de Pise eut évidemment une tout autre importance, mais l'association de Bayonne qui avait reçu aussi
l'assentiment de la commune suffit pour expliquer l'origine de
l'*Ordo maris* à Pise.

Pise au xiii° siècle, comme presque toutes les cités commer-
çantes du moyen-âge était, en effet, dominée par le régime
des corporations. A côté de l'*Ordo maris*, nous voyons la communauté des marchands de terre *mercatores terræ* qui, avec
le temps, prit elle-même le nom d'*Ordo*; enfin comme troisième
ordre, l'*union des métiers* d'abord au nombre de quatre, plus
tard au nombre de sept (3). Chacun de ces différents corps

(1) Arthur Desjardins, *Introd. hist.*, p. 39.

(2) Statutum est etiam ne quis rector navium ducat secum marinarium,
nisi sit de hac societate. Si tamen advenam voluerit habere, poterit, dum-
modo habeat eum in juraminibus ut alios... (Pardessus, IV, 283).

(3) Jusqu'en 1267, quatre métiers seulement ont un rôle politique; la
corporation des laines *ars lanæ*, les forgerons (*fabri*), les corroyeurs (*coriarii*),
les notaires. Plus tard, la corporation des laines se fondit dans l'Union des
marchands : le corps des métiers se composa alors : 1° des notaires, 2° des
forgerons, 3° des corroyeurs, 4° des bouchers (*tabernarii*), 5° des cordonniers, 6° des fourreurs (*pellipparii*) et 7° des marchands de vin (*ars tinariorum*).

avait ses statuts particuliers. Presque tous présentaient le même caractère, étaient constitués sur le même modèle. L'affiliation se faisait par serment, les groupes étaient divisés par quartiers. A la tête étaient des *capitaines* ou des *consuls* ayant près d'eux un grand et un petit conseil, et tenant une cour *curia* qui jugeait sommairement les procès des intéressés.

Sur la constitution de ces différents corps et particulièrement sur l'*Ordo maris*, nous possédons de précieuses sources d'information.

Les magistratures à Pise étant en général électives, l'usage était de rédiger pour chaque magistrature un manuel (*Breve*) dans lequel les magistrats rappelaient, en jurant de s'y conformer, les lois et devoirs qu'ils auraient à observer. C'est ainsi que nous trouvons dans les statuts de Pise, édités par M. Bonaini, un manuel de la Commune, *Breve communis*. M. Pardessus, dans sa collection des lois maritimes (1) avait déjà donné quelques fragments d'un *Breve curiæ maris* que nous possédons aujourd'hui en entier, grâce à la publication de M. Bonaini. Ce *Breve* rédigé en latin contient deux parties bien distinctes, appartenant la première à une rédaction de 1298 (2), la seconde à une rédaction de 1305. Nous avons eu encore à étudier un autre *Breve* concernant l'*Ordo maris*, rédigé en Italien, *Breve dell' ordine del mare*, auquel M. Bonaini donne la date de 1343 (3). M. Bonaini a aussi publié une ordonnance des consuls de la mer datée de 1402. Signalons enfin comme sources complémentaires la liste des consuls qu'a reconstituée en partie M. Schaube à l'aide de la publication de M. Bonaini (4) et le *Breve* du port de Cagliari cité par M. Pardessus (t. V,

---

(1) T. IV, p. 562 et s.

(2) Cette première partie se termine ainsi : « Totum hoc breve est cor-« rectum et emendatum ut infrà scriptum est et *exemplatum de noto* in chartis « montanis anno Domini MCCXCVIII, indictione decima, pridie nonas sep-« tembris tempore consulatus Vannis de Cesano et Betti de Cannetto et Vanni « rodicis Rau, existente domino Oano de Ponte, *judice* et *assessore* dictæ « curiæ, et Alexandro de Buitti et Ouelfo Dominico Grasso Tabiani, et Mi-« chaele Upithunis, *camerario* et *notariis* dictæ curiæ.

(3) Schaube indique les dates de 1336 et 1343 (*Das Konsulat in Pisa*, p. 26 et s.). M. Pardessus avait indiqué les dates de 1337 et 1345. T. IV, *Lois marit.*, p. 561.

(4) *Das Konsulat in Pisa*, p. 292 et s.

p. 284), réédité avec de nouveaux éclaircissements par M. Bonaini.

L'*Ordo maris* se composait d'abord de tous ceux qui étaient directement intéressés dans le commerce maritime, propriétaires de navires, armateurs, capitaines, gros négociants ou capitalistes employant leurs fonds à des expéditions maritimes. Mais outre ces principaux intéressés qui exerçaient en général dans l'*Ordo* une influence prépondérante, l'*Ordo* comprenait tous les gens de mer et employés maritimes, et aussi les constructeurs de navires, serruriers, peintres, voiliers, travailleurs employés au chargement et déchargement, courtiers (*sensali*). Un statut du commencement du XIV⁰ siècle prouve que l'*Ordo* finit par s'étendre même à la navigation en eau douce (1). Mais il est à remarquer que les calfats, les patrons de barques formèrent pendant longtemps une corporation distincte.

L'*Ordo maris* avait en outre dans sa dépendance les établissements que les Pisans avaient fondés dans le Levant, ou les communautés marchandes qui s'étaient formées dans des ports qui avaient avec Pise des relations plus étroites comme les ports de Sardaigne.

L'affiliation à l'*Ordo* se faisait sous forme de serment : « Qui « libet de ordine Maris teneatur facere sacramentum de obser- « vando omnia ordinamenta et Brevia Maris (2). » Le consul jurait lui-même de veiller au recrutement de l'*Ordo* et à la prestation du serment (3). Le serment était même renouvelé chaque année dans le mois de janvier ; il y avait un registre matricule indiquant par quartier la liste des membres de l'*Ordo*, ceux qui ne prêtaient pas le serment en janvier étaient frappés

----

(1) « Omnes navigantes tam per mare quam per aquas dulces, in quocumque « ligno et in quocumque flumine sive fossa…, subsint jurisdictioni curie « consulum (*Breve communis*, 1302).

(2) *Breve curiæ maris*, rub. 20.

(3) « Juro quod omnes nautas, camerarios et scribanos navium vel ligno- « rum Pisanæ civitatis et districtus, quos Pisis habere potero (et in habendo « sollicitus et intentus ero : et quos Pisis habere non potero, ibo ad por- « tum Pisanum, vel mittam), jurare faciam vel qui mit atur jurare faciant, « quod, omnes homines, quos portabunt in eorum lignis vel navibus, jurare « faciant sacramentum hujus ordinis maris, si non juraverint. »

d'une amende, et s'ils le refusaient, ils étaient à tout jamais exclus de l'*Ordo* (1).

A la tête de l'*Ordo* étaient les consuls : *consules ordinis maris*. D'abord au nombre de cinq, ils furent plus tard réduits à trois et la durée de leurs fonctions qui était d'abord d'un an fut ensuite réduite à six mois (2). Les consuls formaient un collège que présidait un premier consul *prior consulum* choisi chaque mois par le collège (3).

A côté des consuls siégeait un *grand* et *petit* conseil. Les deux conseils réunis formaient une assemblée de soixante-seize membres parmi lesquels seize étaient spécialement délégués pour le petit conseil (4).

A l'origine, les consuls et les conseillers se recrutaient eux-mêmes ; les consuls eurent en outre le choix de choisir parmi les conseillers les membres de leur *petit conseil*, mais plus tard ce libre recrutement paraît avoir été entravé, car nous voyons les consuls promettre de faire tous leurs efforts pour rétablir l'ancien état de choses (5).

Avec le temps de nouveaux changements se produisirent encore. Dans un statut de 1286, nous trouvons deux changements à noter. D'une part, l'élection des consuls se fait seulement par 24 membres délégués à cet effet par les deux conseils réunis, d'autre part, ce sont les consuls eux-mêmes qui désignent les 16 membres de leur petit conseil, autrefois désignés par l'assemblée générale des conseillers (6).

Tant que la prépondérance dans l'État appartint à la noblesse, les consuls paraissent s'être principalement recrutés dans la classe des nobles. Mais après la défaite de Meloria qui, en 1254, porta un si rude coup à la puissance navale de Pise, et dans la seconde moitié du xiiie siècle, la démocratie

---

(1) *Breve maris*, 20. *Breve maris*, 1336, rub. 7 et 16.

(2) Schaube, *Das Konsulat in Pisa*, p. 43 et s.

(3) *Breve maris*, 2 et 5.

(4) Schaube, p. 47.

(5) *Breve maris*, rub. 23. « Et teneat (scilicet ego consul) pro meo posse « procurare, sicut expedire cognovero, quod electio consulum dicte curie « (scilicet ordinis maris) et eorum consiliariorum revertatur ad consilium mi-« nus et majus dicte curie et per ipsum consilium minus et majus fiat. » — Schaube, p. 42.

(6) V. Schaube, p. 48.

s'empara du gouvernement de la cité, et la condition de noble
devint dès lors pour les consuls de la mer une cause d'exclu-
sion. Dans le *Breve dell' ordine del mare* (1313) on lit : « Li-
« quali tutti consuli siano et esser debbano populari et del
« populo di Pisa tanto et del dicto ordine del mare (1). » La
révolution politique marquait ainsi sa trace dans l'institution
du consulat.

La *Curia ordinis maris* était tenue par les consuls assistés
d'un *judex* qu'ils pouvaient consulter au besoin (2).

Il y avait aussi trois *notaires* choisis par les consuls et
chargés des écritures, de la tenue des registres où se trouvaient immatriculés par quartier tous les membres de l'*Ordo*.
L'un des notaires remplissait les fonctions de *chancelier*, ce
qui explique pourquoi, dans certains fragments, il n'est parlé
que de deux notaires, le chancelier étant mentionné à part (3).

Enfin il est fait mention de trois messagers, *nuncii*, qui
étaient également nommés par les consuls et qui avaient pour
mission de convoquer les conseils, de veiller à l'exécution des
sentences rendues. A partir de 1331 nous trouvons un officier
spécial placé sous l'autorité des consuls et chargé de pour-
suivre les débiteurs, les marins déserteurs ou autres délinquants (4).

Tous ces fonctionnaires subalternes de l'*Ordo* recevaient au
commencement de leur exercice un manuel (*Breve*) auquel ils
promettaient sous serment de se conformer. Les consuls, de
leur côté, s'engageaient à maintenir et respecter les fonctions
de chacun (5).

Les fonctionnaires de l'*Ordo* étaient tous rémunérés. D'a-
près un statut de 1286 (6), les consuls recevaient vingt-cinq
livres par semestre : le traitement du *Judex* était de pareille

----

(1) *Breve dell' ordine del mare*, rub. III. Bonaini, III, p. 461.

(2) « Ad requisitionem consulum, et sedere et eis consulere. » *Breve communis de 1286*, tit. 1, rub. 18. *Breve maris*, rub. 16.

(3) V. Schaube, p. 69-76.

(4) V. Schaube, p. 96 et 111.

(5) « Que in ipsis (Brevibus) continentur vel continebuntur, nullum inten-
« dimentum eis dabo sine parabula omnium consulum vel majoris partis co-
« rum qui Pisis fuerint » (*Breve maris*, rub. 16).

(6) *Breve communis*, lib. 1, rub. 61.

somme, les notaires recevaient seulement douze livres et les *nuncii* cinq livres, mais ils avaient droit en outre à des honoraires qui augmentaient notablement leurs profits.

Les revenus de l'*Ordo* consistaient dans les frais de justice, dans une partie du produit des amendes. Un document de 1298 nous montre que les revenus des douanes qui étaient principalement employés à l'entretien des ports et des phares, servirent aussi quelquefois à payer les consuls de la mer et autres fonctionnaires de l'*Ordo maris* (1). M. Schaube croit que dans le principe les finances de l'*Ordo* étaient administrées par la douane et que c'est seulement plus tard, avec le temps, qu'il y eut pour la *Curia maris* une caisse spéciale.

Telle était dans son ensemble l'organisation de l'*Ordo maris* à Pise. Voyons maintenant avec plus de détails quels étaient au juste le rôle et les attributions des consuls de la mer.

Ils avaient à la fois des attributions administratives et judiciaires.

Parlons d'abord des premières.

A. Les consuls de la mer s'occupaient principalement de la surveillance de la navigation, de celle du port de Pise et des côtes. Mais les intérêts du commerce maritime sont eux-mêmes si intimement liés à ceux du commerce et de l'industrie en général, que le rôle des consuls de la mer devait naturellement s'élargir. On a vu qu'à l'origine l'*Ordo maris* ne fut peut-être qu'une ligue formée contre les pirates, ou les entreprises qui pouvaient compromettre les relations internationales. D'après le droit pisan, les propriétaires de navires équipés en guerre devaient fournir caution : *Securitas de non offendendo aliquos alios nisi inimicos Pisani communis* (2). Les consuls de la mer étaient chargés d'intervenir, même près des autorités de l'État pour la répression des délits commis sur mer, la restitution des biens injustement dérobés (3). Dans un traité passé en 1339 entre Pise et le doge de Gènes, il est question de trois navires armés contre les pirates Barbaresques; les consuls de la mer sont délégués pour nommer le

(1) *Breve populi*, 1286, rub. 93, et Schaube, p. 74-75.
(2) Comp. notre art. 217, C. comm.
(3) *Breve maris*, 23-25.

commandant de cette petite escadre, ainsi que les capitaines des navires, et leur donner leurs instructions (1).

Il y avait à Pise des courtiers jurés (*sensali*), par l'entremise desquels devaient se faire toutes les ventes et achats, toutes les négociations commerciales. Le courtage ne devint libre qu'à partir de 1313 (2). Les consuls de la mer avaient été désignés pour recevoir le serment des courtiers et surveiller leurs fonctions, et ils exerçaient cette surveillance aussi bien pour le commerce de terre que pour celui de mer (3).

Certaines industries, travaillant particulièrement pour le commerce maritime, étaient aussi placées sous l'autorité des consuls de la mer (4). Ils réglaient les contestations entre patrons et ouvriers : un ouvrier ne pouvait pas abandonner un travail commencé sans la permission du consul (5).

Représentants des intérêts maritimes, les consuls de la mer devaient, avant tout, surveiller la navigation. A bord des navires il y avait un écrivain qui tenait note de la durée, des incidents du voyage, des contrats passés avec l'équipage ou les marchands. A l'arrivée l'écrivain devait, sous peine d'amende, déposer le livre de bord à la *Curia maris*, où le notaire en avait la garde (6).

Les écrivains et les capitaines prêtaient serment devant les consuls (7).

Quand le navire était prêt à faire voile, la *Curia maris* devait être avertie, un messager, *nuncius*, était chargé de publier le départ en certains lieux désignés, et à partir de ce moment les marins étaient tenus de se rendre à bord pour commencer leur service. Pour cette publication un droit était payé au chancelier de la *Curia maris* (8).

Les patrons et écrivains étaient tenus de dénoncer aux con-

(1) *Ordinamenti aggiunti*, I, c. pp. 612-625.
(2) *Breve dell' ordine del mare*, Bonaini, p. 584.
(3) *Breve maris*, rub. 11.
(4) *Breve maris*, 102. Schaube, p. 91.
(5) *Breve maris*, rub. 20 : « Et nihilominus teneatur stare et laborare ad
« opus ab eo inceptum ad voluntatem illius qui eum miser i ad laborandum,
« donec discordia pre licta finita fuerit a consulibus. »
(6) *Breve maris*, rub. 13, 57.
(7) *Breve maris*, rub. 78.
(8) *Breve maris*, rub. 22.

suls les marins qui n'avaient pas rempli leurs obligations (1).
Les consuls, au retour, veillaient à l'exécution des engagements pris envers les marins, qui pour leurs loyers avaient
un privilège sur le navire (2).

Les navires devaient être pourvus d'un équipage suffisant
sous peine de dommages-intérêts envers les intéressés. Ils
avaient une ligne de charge qu'ils ne devaient pas dépasser,
et les consuls étaient tenus d'y veiller (3).

Enfin, les navires devaient être pourvus de certains moyens
de défense. Un règlement à cet égard était publié chaque
année au nom du podestat et des consuls (4).

Pour arriver à Pise les marchandises devaient, en général,
être transbordées sur des barques et allèges soit à Livourne,
soit au port de Pise. Les consuls de mer avaient la surveillance de cette navigation fluviale jusqu'à Pise et même au
delà entre Pise et Florence (5).

Avec le concours des autorités de l'État, les consuls veillaient à l'entretien du port de Pise et des ouvrages destinés
à faciliter la navigation. On sait que les alluvions constantes
de l'Arno ont fini par combler l'ancien port de Pise, si bien
que l'on discute aujourd'hui sur son emplacement. D'après
M. Élisée Reclus, l'ancien port de Pise était à treize kilo-
mètres au sud de l'embouchure actuelle de l'Arno. En 1442,
le port de Pise n'avait déjà plus que cinq pieds d'eau. Dès le
xiiie siècle il s'était formé des bas-fonds dangereux, notamment celui de l'*abbretro*. Les consuls de la mer s'occupaient des
travaux à faire pour franchir les bas-fonds (6), de l'entretien
des tours construites pour la défense du port, de celui des
phares destinés à éclairer les navigateurs. Deux fois par an,
sous la conduite d'un consul, une commission de huit membres de l'*Ordo maris* devait visiter le port pour demander à
l'État les travaux ou mesures qui auraient paru nécessaires (7).

(1) *Breve maris*, rub. 63.
(2) *Breve maris*, rub. 76.
(3) *Breve maris*, rub. 73, 93.
(4) *Breve maris*, rub. 31.
(5) *Breve maris*, rub. 102, 93.
(6) *Constitutum usus in Stat. pisan*, II, p. 981.
(7) *Breve maris*, rub. 30-21 et Schaube, p. 103 et s.

On voit, en somme, que les consuls de la mer sans être des fonctionnaires d'État, exerçaient eux-mêmes avec l'agrément et la permission de l'État, comme représentants de l'*Ordo maris*, une surveillance particulière sur tout ce qui touchait aux intérêts du commerce maritime.

Les consuls de la mer occupaient une place importante dans l'État. Ils faisaient de droit partie du grand conseil et nous les voyons siéger dans le même édifice que le Podestat, les bâtiments de l'église Saint-Ambroise, *in domo ecclesiæ sancti Ambrosi* (1). L'un des consuls au moins devait toujours s'y trouver à certaines heures pour y être à la disposition des membres de l'*Ordo*, prêter à tout intéressé ses conseils et son appui (2).

Parlons maintenant de la juridiction des consuls.

B. *Attributions judiciaires.* — Les consuls de la mer avaient d'abord un pouvoir disciplinaire et de police. Le consul président frappait d'amendes ses collègues ou les conseillers qui ne se rendaient pas exactement aux convocations reçues (3). Des amendes étaient également infligées par les consuls aux employés de la *Curia maris* qui remplissaient mal leurs fonctions (4). Enfin, tous les règlements de la corporation étaient en général sanctionnés par des amendes (5). Toutes ces amendes, nous l'avons vu, servaient à payer les fonctionnaires de l'*Ordo*, mais une grande partie était employée aux travaux du port (6).

D'autre part, les consuls exerçaient une véritable juridiction contentieuse. Représentants de l'*Ordo maris*, investis à ce titre de la confiance de tous ceux qu'intéressait le commerce maritime, les consuls de la mer durent naturellement être pris comme arbitres dans beaucoup de contestations. D'abord arbitres, tenant uniquement leur mission du libre choix des parties, ils devinrent ensuite des juges reconnus par l'État.

(1) *Borgo diplomi Pisani*, p. 276.
(2) *Breve maris*, rub. 17.
(3) *Breve maris*, 2 et 5.
(4) *Breve dell' ordine del mare*, rub. 4, 5, 18.
(5) *Breve maris*, rub. 6.
(6) *Breve maris*, rub. 3, 99.

Nous voyons les consuls présider en qualité d'arbitres aux ventes publiques de navires (*incantationes*) et reconnus à cet égard par l'État lui-même (1). Dans les affaires contentieuses, les membres de l'*Ordo* prirent également l'habitude de recourir à l'arbitrage des consuls. Mais à Pise les décisions d'arbitres étaient soumises à l'appel devant la *Curia appellationum*. Les consuls devinrent ainsi peu à peu des juges de première instance, d'abord pour les membres de l'*Ordo* qui recouraient à leur arbitrage, et plus tard même pour les étrangers qui finirent par les accepter comme juges. Ainsi naquit sans doute la juridiction des consuls de la mer qui paraît avoir été expressément reconnue par l'État, sous le podestat Visconti (1215-1217). Dans un passage du *Constitutum usus* de 1233 on lit : « *Loco judicum habentur consules marinariorum*. Dans le *Breve communis* de 1286, la *curia ordinis maris* est mentionnée à côté de la *Curia mercatorum*, de la *Curia artis lanæ*, des consuls des sept métiers, des capitaines et consuls des ports de Sardaigne (2).

La compétence de la *curia maris* se trouvait en concours avec celle de la *Curia usus*, l'État ne fit pas de partage entre les deux juridictions, et il se borna à défendre à la *Curia maris* d'empiéter sur la compétence de la *Curia legis*. Mais l'*Ordo maris* s'efforça d'attirer à son tribunal tous les membres de la corporation, et tous ceux qui voulaient bien s'adresser à lui soit pour les affaires maritimes, soit même pour d'autres causes commerciales. L'État tint ses droits comme suffisamment sauvegardés par cela seul que l'appel était porté devant la cour des appels *curia appellationum*, l'appel étant d'ailleurs toujours ouvert lorsqu'il y avait un moyen de droit (3).

La procédure devant la *curia maris* était en principe la même que celle suivie devant la *curia usus*, mais plus rapide. Avant le commencement du procès les parties devaient déposer un

---

(1) *Constitutum usus*, rub. 23. « Constituimus ut incantationes navium et
« aliorum lignorum navigabilium coram consulibus marinariorum *alterutra*
« *parte desiderante fieri possint* qui summatim et extra ordinem de predictis
« cognoscant, et secundum quod viderint, inter eos studieni diffinire. »

(2) *Breve communis* de 1286, rub. 32. Bonaini, I, p. 89.

(3) *Constitutum usus*, rub. 47. On verra plus loin que la *Curia maris*, avec le temps, parvint à restreindre beaucoup le droit d'appel.

gage (1). Le consul suivant les circonstances pouvait même à cet effet saisir le mobilier (2). Les consuls pour leurs décisions devaient avant tout se référer au *constitutum usus*, la partie du droit Pisan où se trouvaient constatées les dispositions relatives au droit commercial et maritime; un exemplaire devait toujours être déposé à la *curia maris*, pour que les parties pussent au besoin le consulter (3). Le *constitutum usus* pouvait être complété, soit par les statuts de la commune (*Breve Potestatis sive communis*), soit par les statuts particuliers de l'*Ordo maris*; des usages s'y trouvaient constatés, des questions nouvelles tranchées. Enfin, à défaut de disposition précise, les consuls jugeaient d'après la *bonne coutume*, *secundum bonum usum civitatis* (4).

Dans une première période, nous voyons les consuls juger seuls. Le jugement est rendu par le collège des consuls ou au moins deux des consuls s'ils sont d'accord. Les consuls ont comme assesseur un *judex* qu'ils peuvent consulter, mais sans être liés par ses avis (5).

Les consuls pouvaient aussi statuer comme arbitres *per laudamentum* du consentement des deux parties (6) et dans ce cas, la décision pouvait être rendue par un consul unique. Il en était de même pour les jugements par défaut (7).

Enfin, pour certaines causes, il y avait une procédure sommaire *extra ordinem* et sans délai, *non obstantibus feriis vel interdicto curiarum* (8).

La *curia maris* s'efforça naturellement de restreindre le droit d'appel, et avec le temps obtint à cet égard de l'État diverses concessions.

Dans une disposition du *constitutum usus* qui paraît remonter à l'année 1217, on voit que les procès intéressant les gens de

(1) *Breve maris*, rub. 11.
(2) *Breve maris*, rub. 56, 58.
(3) *Breve maris*, rub. 25.
(4) *Breve maris*, rub. 7.
(5) *Breve maris*, rub. 16.
(6) *Constitutum usus*, rub. 11 : laudamentum nostra constitutione illud intelligatur videlicet quando aliqua controversia a partibus in libera voluntate alicujus posita fuerit.
(7) *Breve maris*, rub. 17, 19.
(8) *Breve maris*, rub. 83.

mer, ou relatifs à des marchandises détériorées ou perdues pouvaient être jugés sommairement et en dernier ressort par la *curia maris*, si le taux du litige n'excédait pas 20 livres (1). Plus tard, le taux du dernier ressort fut étendu jusqu'à 100 livres (2).

Avec le temps, l'autorité de la *curia maris* devait s'étendre encore. Dans une révision du *Breve ordinis maris* faite en 1336, la juridiction de la *curia maris* nous apparaît transformée, mais sous certains rapports le rôle des consuls est amoindri.

D'après le *Breve* de 1336 sont de la compétence de la *curia maris*, tous les procès relatifs au commerce maritime, ainsi qu'à la navigation, même en eau douce, *di tutti et ciaschidune lite, questioni, piati, cagione, opra et facto di mare et d'acque dolce qualumque* (3). En pareille matière, la *curia maris* forme la seule juridiction compétente, quand les parties ou l'une d'elles appartiennent à l'*Ordo maris*, ou quand le débat s'agite entre étrangers. Mais tout citoyen de l'État qui n'appartenait pas à l'*Ordo* pouvait, s'il était cité devant les consuls, décliner leur compétence.

Dans la rédaction de 1336, les décisions de la *curia maris* sont déclarées souveraines, et l'appel est interdit sous peine d'amende (4).

En même temps le cercle de la procédure sommaire s'est étendu : sont considérées comme sommaires toutes les affaires qui ne dépassent pas 100 livres : par exception, les affaires relatives à l'affrètement des navires, aux loyers des gens de mer, aux marchandises endommagées ou perdues, n'étaient pas réputées causes sommaires si le litige dépassait 25 livres.

Au-dessous de 100 livres, le collège des consuls qui pouvait ici se réduire à deux continue à juger seul. Mais pour les affaires dépassant un intérêt de 100 livres, les consuls

____

(1) *Constit. usus*, rub. 11 : statuimus etiam ut quæstio marinatici et nautæ et de mercibus amissis seu deterioratis in navi vel ligno, a consulibus ordinis maris summatim et extra ordinem derimatur, quæ questio summam vigenti quinque librarum non excedat.

(2) *Breve curiæ maris* de 1298, ch. 12 et 89. Pardessus, *Lois marit.*, IV, p. 585, 592.

(3) *Breve dell' ordine del mare*, rub. 12.

(4) Rub. 13.

doivent maintenant se faire assister de conseillers qui forment
avec les consuls une véritable cour de commerce. Jusqu'à 500
livres le nombre des conseillers doit être au moins de six,
au delà il est au moins de douze. Les consuls choisissent les
conseillers à leur gré : ils peuvent les prendre soit dans leur
grand ou petit conseil. La cour, une fois constituée, les débats
ont lieu devant les conseillers, c'est à eux qu'il appartient de
juger : les consuls prononcent ensuite la sentence qui reste
secrète jusqu'à ce moment.

Les parties au surplus conservent le droit de prendre les
consuls comme arbitres, et les consuls suivant la volonté des
parties jugent, d'après le droit existant ou l'équité.

·En 1381, on constate pour la *curia maris* un nouveau chan-
gement. Les membres du conseil n'étant plus en tout qu'au
nombre de 15, on ne pouvait plus exiger la présence de 12
conseillers, et le nombre des juges tomba à 6 ou 9 suivant
qu'il s'agissait de litiges au-dessous ou au-dessus de 500 livres.

Enfin en 1384, nous voyons l'État placer sous son contrôle
direct et sa surveillance, la *curia maris, pro celeri expeditione
litigantium in curia maris et pro suo jure unicuique reddendo* (1).
Les consuls sont tenus de se trouver chaque jour pendant les
heures d'audience à la *curia maris* assistés de deux notaires,
le contrôleur général des fonctionnaires de l'État, *Sindicus
Pisani comunis*, exerce sa surveillance sur les consuls et tous
les membres de la *curia maris*, avec le droit de leur infliger
au besoin des amendes (2).

La *curia maris* perdait ainsi de plus en plus son indépendance.

C. L'*Ordo maris* et les consuls ses représentants n'exerçaient
pas seulement leur autorité et leur influence à Pise. Cette
influence se manifestait aussi au dehors, dans les relations de
Pise avec les autres États ou dans les établissements formés à
l'étranger par des négociants de Pise.

Nous avons déjà vu que le premier document où il soit question des consuls de la mer est une lettre adressée par le gouvernement de Tunis aux consuls de la mer à Pise. La puissante corporation qui représentait à Pise les intérêts maritimes devait,

---

(1) *Statuti Pisani. Ordinamenti aggiunti*, III, p. 637-639.
(2) V. *ibid.*

en effet, se préoccuper des relations extérieures de Pise et surtout des établissements formés à l'étranger par les négociants Pisans.

Nous parlerons plus loin des *consuls des ports de Sardaigne* que les consuls de Pise tenaient tout particulièrement dans leur dépendance. Les statuts de Pise nous montrent d'ailleurs que dans toutes les places où il n'y avait pas de consul officiel, les Pisans qui s'y trouvaient établis pouvaient s'y choisir un consul pourvu qu'ils fussent au nombre de cinq (1). Mais dans les places importantes, Pise nommait elle-même des consuls. Un statut de 1286 prouve que la nomination de ces consuls (*consules missi*), avait été abandonnée aux consuls de la mer assistés du petit conseil de *l'Ordo* (2).

Les consuls d'outre-mer se trouvaient ainsi dans la dépendance des consuls de Pise : ils l'étaient doublement, non seulement parce qu'ils tenaient d'eux leur titre, mais encore parce qu'ils recevaient d'eux leurs instructions. Chaque consul désigné recevait un manuel (*Breve*) contenant avec des instructions générales les recommandations spéciales qui pouvaient paraître nécessaires (3). Ces instructions étaient rédigées par les consuls de la mer ou des commissaires choisis par eux (4).

On voit la place importante que tenaient l'*Ordo maris* et ses représentants les consuls de la mer, tant à Pise qu'au dehors. Mais l'institution du consulat et celle de l'*Ordo maris* à Pise devaient tomber avec la puissance de Pise elle-même.

Au commencement du xve siècle, à un moment où Pise est sous la domination passagère du duc de Milan, nous trouvons encore une pétition faite par les *consuls de la mer* pour demander certains travaux dans l'intérêt du port de Pise (5). Le duc de Milan, en réponse à une députation de Pise, promit de respecter les privilèges des *consuls de la mer* et de la *Curia maris* (6).

(1) *Breve communis,* rub. 138.
(2) V. Bonaini, III, p. 372.
(3) *Breve maris,* rub. 53.
(4) *Breve communis* 1286 : quod dicto consuli detur a Comuni pisano et componatur certum statutum *per consules maris vel sapientes viros ab eis eligendos.*
(5) Bonaini, *Ordinamenti aggiunti,* I, p. 640.
(6) *Id.,* p. 642 : « In curiis consulum maris... servetur id, quod solitum « fuit servari in dictis curiis, antequam haberemus dominium dicte nostre « civitatis Pisarum. »

Mais, lorsqu'en 1406, Pise passa sous la domination de Florence, son ancienne rivale, c'en fut fait de l'ancienne institution du consulat et de l'*Ordo maris*. On retrouve bien encore à Pise des consuls de la mer subordonnés à ceux de Florence (1), mais les uns et les autres sont, en réalité, des fonctionnaires d'État.

Sardaigne.

Au xiiie siècle la Sardaigne était sous la dépendance de Pise.

Dans le *constitutum usus* de Pise il est question des *consules mercatorum cujusque portus Sardiniæ* (2), et dans le *Breve communis* de 1286 nous voyons le podestat jurer de maintenir dans leurs droits, coutumes et juridiction les capitaines, les consuls des ports de Sardaigne et les marchands : « Capita- « neos et consules portuum Sardineæ et ipsos mercatores et « eorum jura et Breve sive Brevia eorum, in consuetudine et « jurisdictione eorum (3). »

Qu'était-ce que ces *capitanei* et ces *consuls des ports* de Sardaigne? La Sardaigne avait divers ports d'une certaine importance ; entre autres, *Bosa*, *Arborea* et *Callari* (aujourd'hui Cagliari) (4). Dans chacun de ces ports il s'était formé des corporations maritimes qui étaient affiliées à l'*Ordo maris* de Pise, et s'étaient constituées à son image. Chaque union avait à sa tête des consuls nommés par la communauté. Deux des consuls résidaient au port, l'autre à Pise, à cause des relations étroites qui existaient entre Pise et la Sardaigne. Les diverses communautés des ports de Sardaigne formaient elles-mêmes entre elles un corps qui paraît avoir été représenté par les *capitanei* (5). C'est ainsi que nous voyons les *consuls des ports de Sardaigne* et les *capitanei* délibérer à Pise avec le grand conseil ou sous la présidence des consuls de la mer (6).

Quelles étaient au juste les attributions et la compétence

<hr>

(1) V. Pardessus, *Lois marit.*, IV, p. 593, note 1.
(2) *Constit. usus*, rub. 47. Bonaini, p. 975.
(3) *Breve communis*, 1286, lib. 1, rub. 157 (Bonaini).
(4) *Constitut. usus*, rub. 25.
(5) Schaube, p. 176-177.
(6) *Breve maris*, rub. 63 et 77.

des consuls des ports? Nous sommes à cet égard assez bien
renseignés par un manuel rédigé pour le consul du port de
Cagliari *Breve del Porto di Cagliari*. Ce manuscrit rédigé en
1318 contient des additions dont la date s'étend jusqu'à l'année 1320. Nous ne possédons malheureusement qu'une partie
de ce manuel. M. Pardessus l'a insérée dans sa collection des
lois maritimes (tome V, p. 281). M. Bonaini l'a publiée avec
de nouveaux éclaircissements dans sa collection des statuts
pisans parus en 1870.

A l'instar des consuls de mer de Pise, les consuls des ports
de Sardaigne ont des attributions à la fois judiciaires et administratives : ils ont même éventuellement un rôle militaire.

Les consuls sont élus par la communauté pour un an, —
leurs fonctions sont rémunérées — et ne peuvent être décli-
nées (1). Celui qui était consul ou capitaine dans un autre port
de Sardaigne ne pouvait dans la même année être consul à
Cagliari (2).

Les consuls prêtent serment devant l'assemblée générale des
membres de la communauté *in publico parlamento* (3). Tous les
membres de la communauté doivent eux-mêmes renouveler
leur serment chaque année, et les nouveaux arrivants sont
également tenus de prêter le serment du port : (*Sacramento
del porto*), sous peine de se voir refuser toutes relations commerciales (4).

Les consuls de Cagliari siègent dans un édifice loué par la
communauté. C'est là que sont déposés les archives, les
exemplaires des *Breve*, les types des poids et mesures usités à
Pise (5).

Dans leurs fonctions administratives et judiciaires les consuls de Sardaigne comme ceux de Pise sont assistés de conseillers par eux élus au commencement de leur exercice. Les
conseillers de Cagliari sont au nombre de douze (6).

---

(1) *Breve del porto di Cagliari*, rub. 5. Nous retrouvons la même règle
presque partout.

(2) *Breve*, rub. 29. Pardessus, V, p. 299.

(3) *Breve del porto*, rub. 14, 8 et 10.

(4) Rub. 14. Pardessus, V, p. 293.

(5) *Breve del porto*, rub. 10, 38, 65.

(6) *Id.*, rub. 5 et 26. Pardessus, V, p. 288.

Dans toutes les questions financières une délibération du conseil est nécessaire : lui seul a le droit d'imposer des taxes (1).

Les conseillers forment avec les consuls et sous leur présidence la cour commerciale de Cagliari. Ils jugent en dernier ressort jusqu'à deux cents livres et même au delà, leur décision ne peut être attaquée que par des moyens de droit. La cour, suivant la volonté des parties, juge par arbitrage (*laudamento*) ou par usage (*usu*), c'est-à-dire d'après le *constitutum usus* de Pise dont un exemplaire était déposé au siège du consulat (2).

Les consuls et leur conseil n'étaient tenus de juger que les affaires pendantes entre membres de la communauté (3) ; dans les autres cas, leur juridiction était purement volontaire, sauf pour les causes qui leur étaient renvoyées par le gouverneur de Cagliari (*Castellanus*) à l'autorité duquel ils étaient subordonnés. La cour de Cagliari, comme celle de Pise, était assistée d'un *judex* auquel elle pouvait recourir en cas de besoin.

Les consuls de Cagliari, comme ceux de Pise, ont d'autres officiers subalternes, un notaire, un chancelier, un messager, tous rémunérés par des taxes et choisis par les consuls.

Les courtiers étaient nommés par les consuls et les conseillers réunis (4).

Les consuls de Cagliari nommaient des peseurs et des mesureurs (*pesatori mesuratori*) auxquels ils faisaient prêter serment, des commissaires pour surveiller les principales marchandises ainsi que les poids et mesures (5), des visiteurs de navires (6), les consuls étaient tenus de faire observer les rè-

(1) Rub. 24 et 13.

(2) *Breve del porto*, rub. 3. Pardessus, V, p. 285 et rub. 66. Pardessus, p. 313.

(3) Rub. 3. Pardessus , V, p. 287.

(4) Le *Breve* du port de Cagliari contient un bref des courtiers (rub. 39-58). Pardessus, V, p. 302 et s. Les fonctions des courtiers étaient temporaires : ils n'étaient élus que pour six mois (rub. 48-53). Nous trouvons aussi des courtiers nommés pour Cagliari par les consuls de Pise mais ils devaient se conformer aux règles de Cagliari (comp. *Breve maris*, rub. 44).

(5) *Breve del porto*, rub. 16 et 6. Pardessus, V, p. 289 et rub. 68. Pardessus, p. 314.

(6) *Id.*, rub. 37. Pardessus, V, p. 301.

gles sur le pilotage (1), on les voit exercer leur surveillance même sur les tailleurs et cordonniers (2).

Ils devaient personnellement à tous les marchands, aide et protection. « Nous jurons sur les saints Évangiles de Dieu « que toutes les fois que nous serons requis par quelque mar- « chand du port d'aller avec lui chez les châtelains ou quelque « seigneur ou officier, pour cause de quelque injustice qui lui « aurait été faite par quelqu'un, nous irons avec lui, et ce « qu'il conviendra de dire dans l'intérêt de ce marchand nous « le dirons et proposerons devant lui, ainsi qu'il aura été « convenu avec notre conseil (3). »

Les consuls jurent de défendre et garder le château de Castro qui protégeait le port de Cagliari, ils devaient veiller à ce que tous les marchands fussent armés et pussent se mettre au besoin à la disposition du gouverneur du château (*castellanus*) (4).

Le gouverneur représentait le pouvoir exécutif et était l'autorité supérieure. Il était lui-même tenu de veiller à la protection du commerce (5) et délibérait avec le conseil des *anciens* (6).

Mais tous, y compris les consuls et même le gouverneur, étaient soumis au contrôle de Pise qui exerçait sa surveillance à Cagliari par un *revisor*.

Quant au consul de Cagliari résidant à Pise, il était lui-même assisté d'un conseil, punissait les délinquants qui lui étaient signalés de Cagliari, et dans certains cas nous le voyons, avec le concours de son conseil, donner lui-même des instructions aux consuls de Cagliari (7).

---

(1) *Breve*, 59. Pardessus, V, p. 311.

(2) *Id.*, rub. 15.

(3) Rub. 40. Pardessus, V, p. 295-296.

(4) Rub. 1, 60, 67.

(5) *Breve castellanorum*, rub. 42.

(6) *Id.*, rub. 74.

(7) *Breve del porto di Cagliari*, édit. Bonaini, p. 1122. — Pardessus, V, p. 285, note 1.

Florence (1).

En 1421, Florence qui depuis quinze ans était en posses-
sion du port de Pise et prétendait à l'héritage de son commerce maritime, institua à son tour des consuls de la mer ou
plutôt des officiers sous le nom de consuls de la mer, *officiales
comunis Florentie sub appellatione consulum maris* (2).

Quoique préposés principalement à la garde des intérêts
maritimes, les consuls de Florence, à la différence de ceux de
Pise, ne représentent pas directement ni exclusivement une
corporation maritime. Nous trouvons à l'origine six consuls
nommés par les Seigneurs *della Mercanzia* assistés de leur
conseil sur une liste de candidats présentée par tous les métiers. Il y avait à Florence cinq grands métiers (*arti maggiori*) :
1° les juges et notaires réunis sous le nom de *calismala* parce
qu'ils dépendaient de l'église de Saint-Calixte (3) ; 2° les changeurs (*cambiatori*) ; 3° les marchands et ouvriers en laine (*della
lana*) ; 4° les médecins (*medici*) et 5° les marchands de soie,
merciers de la porte Saint-Martin, puis quinze petits métiers
(*arti minori*) représentant la plupart des autres professions et
industries. Les cinq grands métiers désignaient chacun pour
le consulat quatre candidats, ou vingt en tout, sur lesquels
leurs *Seigneuries* et leur conseil en choisissaient cinq ; quant
aux quinze petits métiers ils nommaient chacun deux députés
et ces trente députés désignaient ensemble quatre candidats
parmi lesquels était choisi le sixième consul. On voit ainsi
que l'élection des consuls se faisait à deux et même trois degrés et que cinq des consuls sur six représentaient les cinq
grands métiers. Pour être nommé consul, il fallait avoir vingt-
cinq ans et être du parti guelfe *populares et guelfi* (4).

Les consuls de la mer comme préposés aux intérêts maritimes

(1) Sur les consuls de mer à Florence on peut consulter principalement :
Pardessus, *Lois marit.*, IV, p. 591. Heyd, *Geschichte des Levantehandels*, II,
p. 298-9. Pöhlmann, *Wirthschaftspolitik der Florentiner Renaissance*. Gius.
Müller, *Documenti sulle relazioni toscane coll' Orient*. Schaube, *Das Konsulat
des Meeres in Pisa*, p. 213 et s.

(2) Müller, *Documenti*, p. 279-281.

(3) V. Ducange, *Gloss.*, v° *Calismala*.

(4) V. Schaube, p. 216.

furent chargés de surveiller la construction et l'armement des navires et leur location. A Florence c'est seulement en 1180 que la construction des navires devint libre définitivement (1). Jusque-là les navires, même ceux qui n'étaient point armés en guerre, qui étaient simplement destinés au commerce, étaient construits par la communauté et loués à des particuliers qui les exploitaient. C'est ainsi qu'en 1122 nous voyons les consuls de la mer chargés de préparer deux galères de commerce (*galea di mercato*) pour aller en Orient, et un peu plus tard armer quatre stationnaires contre les pirates (2). La location des galères se faisait au plus offrant. Dans un document de 1425 les consuls de la mer pour une galère qui était louée au commerce (*galea di mercato*), fixent eux-mêmes l'époque du départ, engagent l'équipage, donnent au capitaine ses instructions (3).

Mais d'autres documents nous montrent le concessionnaire de la galère engageant lui-même l'équipage sauf l'approbation des consuls (4). Pendant le voyage le concessionnaire de la galère est tenu d'avoir et de nourrir à bord un inspecteur (*rassegnatore*) chargé de surveiller la galère. Après le retour le capitaine doit déposer son livre de bord aux mains du consul, et consigner le navire à l'office des consuls (5).

Avec le temps Florence sentit la nécessité de rapprocher ses consuls du *port de Pise*. En 1426 la moitié des consuls vint résider à Pise (6). Les consuls résidant à Florence conservent toutefois une sorte de prééminence. Nous en trouvons la preuve dans le règlement de 1457 qu'a publié M. Pardessus (7). Nous y voyons que la police locale pour les galères concédées au commerce appartenait aux consuls de Pise, mais que les questions de responsabilité se portaient devant l'office des consuls de la mer séant à Florence, *allo uficio de consoli del mare di Firenza*.

Les consuls de Florence cependant, ne paraissent pas avoir

---

(1) Pöhlmann, *Wirtschaftspolitik der Florentiner Renaissance*, p. 130.

(2) Schanbe, p. 217.

(3) Müller, *Documenti*, p. 281-283.

(4) Pöhlmann, I, p. 127.

(5) V. Pardessus, *Lois marit.*, IV, p. 591-593.

(6) Pagnini, *Della Decima*, II, p. 31.

(7) Pardessus, IV, p. 593.

eu, à proprement parler, des droits de juridiction contentieuse (1).

A la police de la navigation les consuls joignaient la surveillance des eaux et forêts, de la pêche, du commerce des vins, des douanes (2).

Les consuls de Florence résidant à Pise portent quelquefois le titre de gouverneurs de Pise *consolo del mare e governatore di Pisa* (3).

Le dernier document Florentin où il soit question de consuls de la mer résidant à Pise porte la date de 1177 (4). Le consulat ne devait pas tarder à disparaître, même à Florence. En 1480, comme nous l'avons déjà dit, la construction des navires devint une industrie libre. Dès lors les consuls dont la principale attribution était la surveillance des galères de l'Etat n'eurent plus de raison d'être. Pagnini indique l'année 1481 comme celle de la fin du consulat (5). La succession des consuls fut recueillie par les *capitani della parte Guelfa* que nous voyons, dès 1460, fixer le tarif du transport des marchandises, et plus tard nommer des consuls dans le Levant de même que les consuls de la mer (*come consoli del mare*) (6).

Gênes.

D'un ancien statut de Gênes de 1313 publié par M. Pardessus il résulte, qu'au XIVe siècle des *tractores mercantiæ* présidaient à la police de la navigation (7).

Au commencement du XIVe siècle, Gênes créa pour sa colonie de Pera un office spécial appelé *officium Gazariæ*. Cet office qui étendit peu à peu ses pouvoirs participait lui-même à la police maritime ou à l'*officium maris* (8).

Dans le statut de l'office de Gazarie publié par M. Pardes-

<hr>

(1) Schaube, p. 219.
(2) Schaube, p. 223.
(3) Müller, *Docum.*, I, p. 291.
(4) Schaube, p. 224.
(5) Pagnini, *Della decima*, II, p. 31.
(6) Schaube, p. 224-225.
(7) Pardessus, *Lois maritimes*, IV, p. 439.
(8) Statut de l'Office de Gazarie de 1441. — Pardessus, *Lois maritimes*, IV, p. 462.

sus, nous trouvons diverses dispositions intéressantes à relever. La construction des navires était surveillée par deux experts, *duo sapientes*, élus à cet effet (1). Les navires devaient être visités à leur départ de Gênes par des *cercatores* (2) et pendant leur voyage par les consuls génois (3). Deux des marchands voyageant à bord étaient, en outre, désignés pour surveiller la navigation et signaler au besoin les infractions (4). Le statut règle en détail ce que les navires peuvent porter suivant leurs dimensions, les munitions, agrès et approvisionnements dont ils doivent être pourvus. Avant le départ, les capitaines devaient donner caution (5). Les navires, en général, ne devaient pas naviguer seuls, mais de conserve sous le commandement d'un *capitaneus*, assisté d'un écrivain et de quatre conseillers, tous élus par l'Office de Gazarie, et à son défaut, par les *tractores mercantiæ* (6). Enfin, à leur arrivée, les capitaines devaient déposer un des deux exemplaires de leur livre de bord (7).

L'Office de Gazarie qui se composait de huit membres devait se réunir deux fois par semaine (8). Les règlements devaient être approuvés par le doge et son conseil.

L'Office avait un pouvoir de juridiction pour réprimer les infractions à ses règlements, et aussi une juridiction contentieuse. Le statut de 1441 enleva aux *tractores mercantiæ*, pour les attribuer à l'Office de Gazarie, les contestations entre patrons et marins ou marchands. La procédure était sommaire et les décisions sans appel (9).

(1) Pardessus, IV, p. 449, 450, 451.

(2) Pour la visite des navires, deux membres de l'*officium* étaient désignés à cet effet de mois en mois, *de mense in mense* (Office de Gazarie, ch. VI. Pardessus, IV, p. 462).

(3) Pardessus, IV, p. 514.

(4) *Ibid.*, p. 464, 493.

(5) *Ibid.*, p. 440.

(6) Pardessus, p. 442, 443. Dans le ch. 26 du statut de 1330, il est dit que le *capitaneus* est élu par les *huit* (*octo*) qui sont temporairement chargés de la navigation et, à leur défaut, par les *tractores mercantiæ*. Il s'agit ici des *huit* membres qui composaient l'office de Gazaria (V. Pardessus, IV, p. 423).

(7) Pardessus, IV, p. 505.

(8) Statut de 1441, ch. 2. Pardessus, IV, p. 459.

9) Schaube, p. 224.

L'Office de Gazarie disparut quand les Génois eurent perdu leurs colonies de la mer Noire, et les *tractores mercantiæ* reprirent la connaissance des affaires qui avaient été attribuées à l'Office de Gazarie.

Avec le temps on sépara la police de la juridiction. Celle-ci fut réservée à la *rote de Gênes* et transportée aux magistrats *di anziani* (Statut de 1528). Quant à la police, elle fut confiée à une magistrature appelée *uffizio di mare* (1) et transmise plus tard aux conservateurs de la mer, *conservatori di mare* (2).

Mais les *conservateurs de la mer*, pas plus que les *tractores mercantiæ*, ne sauraient être confondus avec les consuls de la mer.

Dans les monuments de l'ancien droit maritime publiés par M. Pardessus en ce qui concerne Gênes, il n'est pas question des consuls de la mer. Mais M. Pardessus, d'après Capmany, cite un passage d'un ancien auteur italien Foglietta qui s'exprime ainsi : « Jam seculum alterum transierat (ann. 1250) « cum preter consules in causis forensibus quatuor cives socii « et consiliarii dati quorum cura quam maxime ad res ma- « ritimas pertineret, ideo vulgo *consules maris* appellati sunt. » M. Pardessus, s'appuyant sur ce passage, a supposé que les *tractores mercantie* du xiv⁰ siècle, désignés au xv⁰ siècle sous le nom d'*officium mercantiæ* auraient été les successeurs des *consules maris* du xiii⁰ siècle (3).

De nouveaux documents publiés de nos jours ont prouvé que Gênes eut, en effet, des consuls de la mer, presque en même temps que Pise, dès le commencement du xiii⁰ siècle (4).

Dès 1206 on voit parmi les magistrats de Gênes, à côté du Podestat, quatre *consuls de la mer* (5). Mais tandis qu'à Pise les consuls de la mer étaient les représentants d'une corporation, à Gênes ils paraissent avoir été plutôt institués par l'État. Avaient-ils des droits de juridiction? Sur ce point on

(1) Statut du 6 mai 1573.

(2) Pardessus, IV, p. 434.

(3) Pardessus, *Lois maritimes*, p. 420.

(4) Olivieri, *Atti della Societa Ligure*, I, 217.

(5) Pertz, *Ann. Januenses*, XVIII. Schaube, *Das Konsulat in Pisa*, p. 232, 233.

n'est pas d'accord. Un savant italien, M. Enrico Bensa, dans une étude publiée en 1881 (1), a soutenu que les consuls de la mer à Gênes eurent à peu près les mêmes attributions qu'à Pise, attributions administratives et judiciaires. M. Bensa fait remarquer qu'en 1186 il est fait mention à Pise de *consules portus et moduli* : il suppose que la charge fut ensuite divisée, et qu'on attribua aux consuls de la mer tout ce qui concernait le commerce extérieur. M. Bensa reconnait toutefois qu'il n'existe aucun document établissant d'une manière certaine que les consuls de la mer aient eu à Gênes des droits de juridiction. D'autre part, dans un texte de 1234, les consuls de la mer sont appelés *consules introitus maris* (2), et en 1306, où nous les voyons nommer pour la dernière fois, ils sont claire-ment désignés comme les receveurs des douanes : *consules maris sive collectores dacitæ*. M. Schaube a cru pouvoir en conclure que les consuls de la mer à Gênes n'ont été que de simples fonctionnaires chargés du service des douanes (3). Nous verrons plus loin qu'à Montpellier les consuls de la mer furent aussi principalement des fonctionnaires de douanes.

Venise.

Le plus ancien texte connu du droit maritime de Venise est une loi remontant au doge Petrus Liani (1205) révisée en 1229 et dont nous trouvons la traduction en italien dans les statuts civils de 1477 (4).

M. Pardessus, dans sa collection des anciennes lois mari-times, a publié relativement au droit maritime de Venise au moyen-âge : 1° un extrait du statut criminel de 1232, s'oc-cupant de la police des naufrages, punissant la piraterie, défendant la vente des navires vénitiens aux étrangers ; 2° un statut de 1255 contenant cent vingt-neuf rubriques relatives principalement à la police de la navigation ; 3° un extrait d'un

(1) *Archivio giuridico.* Pisa, 1881, XXVII, p. 281. — V. aussi du même auteur, *Studi di diritto commerciale Genova*, 1882.

(2) Olivieri, *Atti della Soc. Ligure*, I, 217.

(3) Schaube, *Das Konsulat in Pisa*, p. 232-233.

(4) Pardessus, *Lois marit.*, V, p. 20.

statut civil de 1316, complétant ou modifiant les dispositions du statut de 1255 (1).

Dans aucun de ces documents il n'est question de *consules maris*. Dans son *Istoria civile Veneziana*, Sandi a fait mention seulement des *Providitori dei communi, dei forestieri, dei consoli di mercanti, dei sopra consoli*. A qui étaient donc confiées la police et la juridiction pour le commerce maritime?

Une loi faite par le conseil des Pregadi, le 8 juin 1569, porte que nos *providiteurs du commun* devront désormais s'enquérir de la cause et des suites de chaque naufrage (2). Dans le statut de 1255, il est dit que le lestage des navires sera surveillé par le rector *Veneciarum in loco* (3). Les *providiteurs* et le *rector* ne paraissent avoir été que de simples fonctionnaires.

Marin, dans sa *Storia civile e politica del commercio dei Veneziani*, dit que les causes commerciales d'abord attribuées au suprême magistrat furent déléguées en 1187 à des juges spéciaux. Cette assertion, comme l'a fait remarquer M. Pardessus, est confirmée pour les affaires maritimes par le statut de 1255 (ch. 98). « Asserimus ut pro nostris statutis servandis in « Venesiis *tres ydonei homines pro judicibus elligantur* ad difi- « niendum omnes diferencias et discordias que inter euntes « in navibus oriuntur : salvis questionibus, quas nos Duo et « nostri consules debent difinire (4). »

Mais ces juges élus ne paraissent avoir jamais eu le caractère des *consules maris* de Pise et rendaient la justice au nom de l'État. Aussi, le statut civil de 1316 les mentionne-t-il ainsi *judices nostri* (5).

États pontificaux. Ancône et Fermo.

La papauté a possédé sur la mer Adriatique des ports d'une certaine importance parmi lesquels Ancône occupe la première place.

(1) *Romanin. Storia documentata di Venezia*, II, 111 et 212. — Wagner, *Handbuch des Seerechts*, I, p. 60. V. Pardessus, tome V, p. 20, 60 et s.

(2) « Che sia comm'sso alli proveditori nostri di commun che habbiano a « conoscer la causa, et successo del naufragio » (Pardessus, V, p. 69).

(3) Rub. 3. Pardessus, V, p. 22.

(4) Pardessus, V, p. 2 et 50.

(5) Pardessus, V, p. 63.

Dans les *chapitoli del mare* d'Ancône de 1397 publiés par M. Pardessus, nous avons déjà relevé les dispositions relatives aux consuls d'*outremer* et au marchand investi du titre de *consul* pendant le voyage (1).

« Les citoyens d'Ancône qui feront un voyage hors d'An- « cône (dit la rub. 48) et qui se trouveront plus de six doi- « vent nommer l'un d'entre eux consul pour le cas où il s'élè- « verait quelque contestation entre eux. Ils nomment en même « temps deux conseillers du consul, et avec le conseil de ces « deux conseillers ou de l'un d'entre eux, le consul juge les « contestations (rub. 47). » Le consul, pour faire constater ses décisions peut nommer un notaire ou écrivain dont les actes faits dans l'exercice de ses fonctions ont la force d'actes publics, encore que dans un procès ou dans un jugement les formes solennelles et l'ordre de la procédure n'aient pas été observées, pourvu que le fait soit constaté par des preuves ou des aveux (rub. 47).

Les *chapitoli* d'Ancône (rub. 92 et s.) parlent aussi du capitaine du port d'Ancône. Ce capitaine est chargé de veiller à la police du port, de percevoir les taxes, et « s'il y a des contes- « tations avec le débiteur dudit port, le capitaine en fonctions « avec ses conseillers et quatre bourgeois d'Ancône dignes de « foi qu'ils voudront choisir, doivent instruire ladite contesta- « tion, et ce qui sera décidé par eux ou par la majorité d'entre « eux, doit être exécuté (rub. 92). »

Mais trouve-t-on à Ancône des *consules maris* spécialement chargés comme à Pise de juger les affaires maritimes? On pourrait être tenté de l'induire par les raisons suivantes :

1° Entre certaines dispositions du *Statut* de la ville d'An- cône et du *Breve maris* de Pise, on trouve une parenté évi- dente : certaines dispositions ont été presque copiées dans le *Breve maris* de Pise (2).

2° Il est dit dans les statuts d'Ancône qu'on peut appeler

(1) V. Statut d'Ancône, rub. 47. Pardessus, V, p. 156. — Une édition plus complète a été donnée par Petroni, Napoli, 1860 et Bonazzi, Napoli, 1876.

(2) Voir notamment ce qui est dit par rapport à l'écrivain. *Statuta Anconi tanæ urbis*, II, 90 et *Breve maris*, rub. 78 (Schaube, p. 228).

des décisions des consuls d'outremer devant les consuls d'Ancône (1).

3° M. Pardessus fait remarquer que le statut civil, révisé en 1113, 1158 ou 1166 prononce des peines contre ceux *qui offendunt consules maris* (2). Enfin, un statut du 29 avril 1193, parle encore expressément des *consules maris*.

Néanmoins ce serait peut-être une erreur de croire qu'il y ait eu à Ancône comme à Pise des *consules maris* spécialement chargés de juger les affaires maritimes. Rien n'autorise à penser que les consuls d'Ancône dont parlent les *chapitoli* aient été spécialement institués pour juger les causes maritimes. D'autre part, les *consules maris* dont il est question dans le statut de 1193, paraissent avoir été spécialement établis pour assurer un fret aux navires d'Ancône par préférence aux navires étrangers. Le statut commence ainsi : « Subrogatione Ser Felicis, sub die XXIX aprilis 1193, fuit in magnifico consilio decretum et obtentum, videlicet quod infrascripti tres cives sint consules maris pro uno anno ad observandum statutum... » Et plus loin, il est dit que *pour assurer l'exécution du statut* (*ad corribatione de questo statuto*), on doit élire tous les ans au conseil d'Ancône trois citoyens sages, nommés consuls de mer (*nominati console de mare*) qui doivent faire observer le présent statut sous peine de cent ducats pour chaque contravention (3).

Nous parlerons plus loin de Fermo à propos de Trani.

Royaume des Deux-Siciles.

Jusqu'au xie siècle le territoire qui a formé le royaume de Naples resta sous la dépendance nominale des empereurs de Constantinople. Mais les liens de l'Italie avec l'empire d'Orient se relâchant de plus en plus, les villes importantes tombèrent sous la dépendance de seigneurs, ou bien se constituèrent en sorte de républiques. Au xiie siècle s'établit la domination des

(1) « Salvo che quello se sentisse gravato se possa appellare *a li consoli* « *d'Anchona* essia tenuto e debio perseguire la detta appellazione a li detti « *consoli d'Anchona* infra nove mesi... » (Pardessus, V, p. 158).

(2) Pardessus, V, p. 117, note 2.

(3) V. Pardessus, V, p. 206.

princes normands qui plus tard devaient être remplacés par les
princes d'Anjou et les princes d'Aragon. Il est incontestable
que le recueil connu sous le nom de *consulat de la mer* fut très
répandu et suivi dans l'Italie méridionale. Mais y trouvons-
nous l'institution des consuls de la mer (1)?

Quatre villes maritimes doivent ici principalement attirer
notre attention, Gaëte, Amalfi, Trani et Messine.

Gaëte.

M. Pardessus, dans sa collection des lois maritimes (V, p.
251), a donné un chapitre de l'ancien statut de Gaëte de 1282
ainsi intitulé : *De officio consulum in civitate Caietæ*. Mais ce
chapitre , ainsi que nous l'avons déjà fait remarquer, est uniquement relatif aux consuls étrangers *consules nationum*.

Un auteur italien Racioppi a relevé deux documents de
l'année 1233 où il est dit que l'empereur Frédéric priva Gaëte
du consulat et y établit une douane impériale. M. Racioppi
émet l'idée qu'il pourrait être ici question des *consuls de la
mer* (2). Mais il s'agit ici simplement des consuls qui étaient
à la tête du pouvoir municipal et que nous voyons ailleurs
mentionnés ainsi : *consules, judices et universus populus...* Je
crois donc avec M. Schaube que l'existence des consuls de la
mer à Gaëte n'est point établie (3).

Amalfi.

D'après une ancienne tradition fort répandue en Italie,
Amalfi avait eu des lois maritimes fort importantes. Michel
de Jorio qui, en 1781, avait été chargé par le roi de Naples
de rédiger un projet de Code maritime, avait mentionné la
table d'Amalfi , *Tavola Amalfitana*, comme un des principaux
monuments de l'ancienne jurisprudence maritime. M. Par-

---

(1) Sur les institutions du royaume des Deux-Siciles en général, on peut
consulter notamment l'ancien ouvrage intitulé *Constitutiones regni utriusque
Siciliæ, Lug bad, 1560,* et parmi les modernes, *Racioppi Archivio stor. per le
provincie napolitane,* III. — Alianelli, *Delle consuetudini e statuti municipali
nelle proc. Napolit., Napoli, 1873.*

(2) Racioppi, *Archiv. stor. napolit.,* III. 702.

(3) *Das Konsulat des Meeres in Pisa,* p. 276.

dessus, sur le témoignage de Michel de Jorio, avait signalé à son tour, dans sa collection, la table d'Amalfi sans pouvoir la découvrir, et il avait même émis des doutes sur son existence (1). Depuis on a découvert deux manuscrits de la table d'Amalfi, l'un dans la bibliothèque de Vienne (1844), l'autre plus récemment à Amalfi même (2). Dans le manuscrit de Vienne qui est de beaucoup le plus complet, on trouve avec la table d'Amalfi un code latin des usages et coutumes d'Amalfi qui aurait été rédigé par les Amalfitains en 1010 sous la sanction immédiate de Henri II de Bavière et où on lit ce qui suit : « Ut licet Amalphitanis habere consulem ex se... Ubique Amal- « phitani per regnum possunt facere judicem per se coram « quo et non coram alio compellantur Amalphitani *super cau- « sis civilibus* ad justitiam alter videlicet alteri faciendam. » On peut en conclure que dès le commencement du xie siècle, les Amalfitains ont eu le droit d'élire des consuls et d'avoir des juges élus pour les *causes civiles.* Mais Amalfi eut aussi une cour de mer : c'est ce que prouve la table même d'Amalfi qui porte précisément ce titre : *Capitula et ordinationes curiæ ma- « ritimæ nobilis civitatis Amalfæ.* » Les premiers articles sont en latin, tous les autres en italien.

Dans la partie latine que sir Travers Twiss fait remonter au xie ou xiie siècle (3), il est dit que pour le partage des bénéfices réalisés dans l'expédition maritime, les parties doivent en référer à l'arbitrage *du consul (arbitrium consulis)* : mais ici, sans doute, il est simplement question des consuls que les parties, comme nous l'avons vu, instituaient au début du voyage pour suivre le navire.

Dans la partie italienne, au contraire, qui, suivant Wagner, daterait de la fin du xive siècle (vers 1377) (4) il est parlé *des consuls (delli consoli).* Nous les voyons veiller à l'équipement des navires *in arbitrio delli consoli* (rub. 22), recevoir en la cour les rapports de mer (*in la cortia et presentia delli consoli*) (rub. 39). Pour les ventes de navires en justice, les consuls fixent le jour de la vente, si les parties ne sont pas d'accord (rub.

<hr>

(1) Pardessus, V, p. 223.
(2) Wagner, *Handbuch des Seerechts,* I, p. 62.
(3) *Black book of the admiralty,* IV. *Introd.,* p. cxxvii.
(4) Wagner, *Handbuch des Seerechts,* I, p. 62.

31); ils veillent à l'exécution de l'engagement des gens de mer, et le marin en retard est cité devant les consuls « se per « aventura requesto non venesse ad ajutare, deve essere in « pena al parere *delli consoli*. » M. Racioppi indique les consuls comme les assesseurs du *Prothontinus* qui présidait à Amalfi la cour maritime (1). Nous ne voyons nulle part les consuls d'Amalfi désignés sous le nom de *consuls de la mer*. Mais M. Schaube reconnait qu'ils ont eu à peu près les mêmes attributions.

Les consuls d'Amalfi datent-ils seulement du xive siècle? Ne sont-ils pas beaucoup plus anciens? Sir Travers Twiss a pensé que dès le xe siècle il y avait à Amalfi une cour maritime à laquelle présidaient les consuls, et que certaines règles de cette cour ont dû être rédigées par écrit au xe ou xie siècle pour servir de guide aux consuls Amalfitains dans les divers comptoirs d'Amalfi, d'abord en Sicile, et ensuite dans le Levant (2).

Trani.

Trani est une ville située sur l'Adriatique bien au Sud de Fermo. A la suite d'un statut de Fermo, imprimé à Venise en 1507 et réimprimé à Fermo en 1588, on trouve un texte italien portant la date de 1063 et intitulé : Ordonnances et coutumes de la mer publiées par les *consuls de la mer de la ville de Trani*. Voici la traduction du préambule de l'ordonnance : « Au nom du Dieu tout-puissant, *Amen*. L'an 1063, première « indiction. Les ordonnances et dispositions ci-après écrites « ont été rédigées, faites, rendues et délibérées par les nobles « et sages hommes Angelo de Bramo, Simon de Brado et « le comte Nicolas de Roggiero, de la ville de Trani, élus « consuls de la corporation des navigateurs (*electi consuli in « arte del mare*), comme les personnes les plus instruites qui « puissent se trouver dans le golfe Adriatique. On y propose, « on y dit, on y détermine et décide la question de l'art de « la mer (*Propone dice termina et diffinisce questa infrascripta « questione del arte del mare*). »

(1) Racioppi, *Archiv. stor. per le prov. napolit.*, I, c. iii, 686.
(2) Sir Travers Twiss, *The Black book of the admiralty*, IV, p. xiii.

On a beaucoup discuté sur la date véritable du statut de Trani. Si l'on admettait la date de 1063 c'est à Trani qu'on trouverait les premiers consuls de la mer élus comme représentants d'une corporation. M. Pardessus, ainsi que nous l'avons déjà indiqué, voit dans le texte italien la traduction d'un texte plus ancien remontant bien à 1063 (1). Mais, comme nous l'avons déjà fait remarquer, des raisons très sérieuses font suspecter la date de 1063, d'autres auteurs ont indiqué les dates de 1183, 1263, 1363 (2). M. Schaube prétend que l'ordonnance de Trani ne remonte pas au delà de 1453 (3). Si l'ordonnance de Trani doit être attribuée à la seconde moitié du xve siècle, la mention faite à Trani de *consuls de la mer* n'a plus la même signification ni la même importance, car les *consuls de la mer* de Trani n'auraient été alors que l'image de ceux institués en Espagne dont nous parlerons plus loin, et qui, comme nous le verrons, n'ont qu'un rapport lointain avec les anciens consuls de la mer.

Messine.

S'il fallait s'en rapporter à une proclamation du roi Roger en date du 15 mai 1129, le consulat de la mer aurait existé à Messine dès le xiie siècle. « *Præterea decernimus* « *quod præsint in eadem curia maris consules per navigiorum* « *primates et mercatores eligendi, qui cognoscant de marinis* « *negotiis quibus ve mercantiis, et eorum naturam sapientibus.* « *Qui consules de usibus marinis et modo regendi curiam va-* « *leant capitula statuere.* » De ce texte relevé par Baluze (Miscell., tome VI, p. 188) M. Pardessus a induit que dès 1129 il y avait à Messine des consuls de la mer (4). Mais il est aujourd'hui reconnu que le texte est dépourvu d'authenticité

(1) Pardessus, *Lois marit.*, V, p. 220. M. de Rozière a appuyé l'opinion de M. Pardessus, *Revue historique de droit français*, 1855, p. 189.

(2) Wagner, *Handbuch des Seerechts*, I, p. 61.

(3) Schaube suppose que la date du texte MLXIII doit être rectifiée ainsi : MLDIII. *Das Konsulat des Meeres in Pisa*, p. 280. — Sir Travers Twiss, au contraire, appuie l'opinion de M. Pardessus, mais il pense que la traduction italienne date de la fin du xve siècle ou du commencement du xvie (entre 1490 et 1507). *The Black book of the admiralty*, IV, p. 522, note 1.

(4) Pardessus, V, p. 117, note 2 et tome IV, p. 235.

et que la date de 1129 ne peut être acceptée. D'après Racioppi et Wagner, l'existence des consuls de la mer à Messine ne serait pas établie avant l'année 1402 (1). Mais M.
Schaube pense que le document daté à tort de 1129, dont il a
été parlé ci-dessus, se rapporte sinon au xiiᵉ siècle, au moins
au xiiiᵉ siècle (2). Messine avait avec Pise d'étroits et anciens
rapports de commerce. On lit dans un *Breve maris* de Pise que
les consuls de la mer de Pise s'engagent à maintenir les droits
et avantages que la commune a coutume de posséder à Messine (3). Il est donc permis de supposer que les consuls de la
mer de Messine ressemblaient beaucoup à ceux de Pise. Ainsi
nous voyons que les consuls de la mer à Messine n'avaient pas
seulement des attributions contentieuses. D'après le texte daté
de 1129, les consuls pouvaient même faire des règlements sur
les usages maritimes (*de usibus marinis... capitula statuere*). Le
même texte nous apprend que partout où se trouvent trois marchands de Messine, ils peuvent choisir entre eux un consul,
mais que ce consul doit être confirmé par les consuls de la mer.

Le texte de 1402, relevé par MM. Racioppi et Wagner, ne
nomme que *trois* consuls de la mer. Mais des documents pos-
térieurs font mention de six consuls. Une ordonnance du roi
Ferdinand le Catholique en date de 1479 décide que les consuls (*della mercatura del mare*) seront nommés par vingt *probi
cittadini mercadanti* (4). Au xviiiᵉ siècle, nous trouvons encore
à Messine des consuls de la mer choisis parmi les marchands,
mais ces consuls nommés par le roi ne rappellent plus que de
loin les anciens consuls de la mer (5).

----

(1) Racioppi, *Archivio storico. nap*, III, 702. Wagner, *Handbuch des Seerechts*, p. 37.

(2) Schaube, p. 271.

(3, *Breve maris*, rub. 96.

(4) *Gallo Annali di Messina*, II, 363, 399.

(5) *Gallo*, I, 57-59.

Espagne.

Dans l'ancien Code espagnol connu sous le nom de *Partidas* et auquel on donne en général la date de 1266, il est déjà question de juges établis dans les *ports et autres lieux situés sur le bord de la mer* pour juger sommairement les contestations entre les gens de mer, pour le jet, le bris, ou tout autre objet (1). Dans les *Partidas*, toutefois, il n'est pas encore fait mention des *consuls de la mer*.

Mais c'est à l'Espagne, nous l'avons vu, qu'on doit, suivant toute vraisemblance, attribuer le fameux recueil d'anciens usages maritimes connu sous le nom de *Consulat de la mer*. Cela seul suffirait pour faire présumer qu'il y a eu en Espagne des *consuls de la mer*. L'existence de ces consuls est, en effet, confirmée par une série de documents. L'histoire nous apprend que les Pisans avaient avec les ports d'Espagne des rapports de commerce tout particuliers. Les Catalans avaient leur consul à Pise (2) et Pierre III d'Aragon, dans un texte de 1284, s'exprime ainsi : « Cum intentionis nostræ sit sem- « per amare et honorare Pisanos prout per antecessores nos- « tros... semper honorati fuerunt » (3). Il est tout simple que sous l'influence d'étroites relations commerciales les mêmes institutions se soient établies dans les deux pays. Aussi, comme l'a très bien fait remarquer M. Schaube (4), trouve-t-on en Espagne des consuls de la mer qui ressemblent beaucoup à ceux de Pise. Ce ne sont pas seulement, comme à Gênes, de simples fonctionnaires spécialement chargés du service des douanes. Quoique investis par le pouvoir royal, ils sont les représentants élus de communautés maritimes et s'ils ne possèdent pas toutes les attributions des consuls de Pise ils

(1) Pardessus, VI, p. 55.
(2) Port, *Essai sur l'histoire du commerce maritime de Narbonne*, p. 110.
(3 Tola, *Cod. diplomi sard.*, I, 721.
(4) Schaube, *Das Konsulat in Pisa*, p. 210. — On trouve pour l'Espagne beaucoup de détails sur les consuls de mer, leur juridiction et leurs prérogatives dans les deux ouvrages suivants : Bosch. *Tito's de honors de Catalunya* (lib. iv), imprimé en 1623, et Ripoll, *De magistratus lojiæ maris antiquitate*, 1655.

jouent au moins un rôle analogue pour la juridiction contentieuse.

Sous le rapport de la législation et des usages maritimes,
l'Espagne, comme l'a fait remarquer M. Pardessus, peut se
diviser en deux grandes parties, la première composée de
l'ancienne principauté de la Catalogne, des royaumes d'Aragon, de Valence et de Majorque, la seconde, des provinces
méridionales et occidentales.

Au point de vue du consulat de la mer nous avons à nous
occuper principalement des documents que nous possédons
sur Valence, Barcelone et Majorque.

Valence.

La plus ancienne édition imprimée du *Consulat de la mer*
qui porte la date de 1494, débute par un règlement de la procédure consulaire à Valence en 1343.

En 1283, Pierre III d'Aragon concéda à la corporation des
gens de mer de Valence le droit d'élire et de lui présenter
chaque année, pour les faire assermenter par sa cour de justice, deux consuls *probos homines maris* (1). Le roi exige qu'ils
soient au courant des usages de la mer *sciant de arte seu usu
maris*, et ils sont chargés de terminer les contrats (2), les procès : « Terminant *contractus* et dissensiones inter homines
« maris et mercatores, quæ juxta consuetudinem maris fue-
« rint terminandæ, prout est in Barchinona fieri consue-
« tum. »

Le règlement de 1343 (ch. 1) porte que chaque année, la
veille de la Nativité, les *prud'hommes navigateurs* (los promens naueganti), patrons et matelots ou partie d'eux se réu-
niront en conseil dans l'église de Sainte-Thècle de Valence
pour élire à la majorité deux hommes de la *corporation des
gens de mer* sous le nom de consuls (*dos bons homens de la
art de mar en consols*). Ceux qui ont été consuls une année

(1) Capmany, *Memorias*, I, part. 2, p. 173.

(2) Nous verrons plus loin que les consuls avaient un sceau dont la forme
est réglée par le ch. V. « Avec ce sceau, dit le règlement, leur juge scelle
« ce qui doit être scellé, » Peut-être le sceau était-il aussi apposé sur les contrats pour leur donner l'authenticité.

ne peuvent être réclus qu'après une année d'intervalle (1).

Les consuls avaient un sceau (ch. 5) (2), un écrivain ou greffier qu'ils se choisissaient (ch. 4), des messagers pour la notification des actes de procédure.

Le règlement de 1343 (ch. 22) énumère ainsi les causes qui étaient de la compétence des consuls : « Les consuls statuent « sur toutes les questions qui concernent les nolis, les dom- « mages survenus aux marchandises chargées sur des navires, « les loyers des matelots, les parts d'intérêt dans les navires, « les ventes de navires, le jet, les commandes confiées à des « patrons ou matelots, les dettes contractées par le patron qui « a emprunté pour les besoins et les nécessités de son navire, « les engagements pris par le patron envers les marchands et « par contre envers le patron, les objets trouvés en pleine « mer ou sur la côte, les armements de navires, galères ou « barques, et généralement tous contrats dont il est parlé « dans les coutumes de la mer (*en les costumes de mar*) (3).

Les consuls de la mer ne jugeaient pas seuls ni en dernier ressort.

A vrai dire, comme l'a très bien fait remarquer M Pardessus (4), les consuls de la mer, en général, président plutôt à l'instruction des procès qu'ils ne les jugent par eux-mêmes. Quand l'instruction est terminée, que les parties se sont signifié leurs moyens, ont produit leurs témoins, les consuls, accompagnés de leurs écrivains, se rendent successivement d'abord devant l'assemblée des prud'hommes *marchands* de la ville (*promens mercaders*), puis devant le conseil des prud'hommes *de mer* (*promens de mar*). Si les deux conseils sont d'accord, la sentence est prononcée sur-le-champ. Si les deux conseils ne sont pas d'accord et si les prud'hommes de mer ne veulent pas se réunir aux prud'hommes marchands pour

(1) V. Pardessus, *Lois marit.*, V, p. 371.

(2) *Sigillum consulatus maris Valentiæ pro domino rege* (ch. V).

(3) Ce passage paraît prouver que dès le commencement du xive siècle, il existait un recueil écrit de coutumes de la mer, mais M. Pardessus (V. p. 381), ne pense pas qu'il soit ici question du recueil connu sous le nom de *consulat de la mer.* Il fait remarquer que la coutume de Valence de 1250, des ordonnances de 1258 et 1310 statuaient sur toutes les matières énoncées ci-dessus.

(4) Pardessus, V, p. 327 et 379.

délibérer en commun, c'est l'avis des prud'hommes de mer
qui doit prévaloir. Toutefois, cet avis n'était pas absolument
obligatoire pour les consuls, le règlement porte : « *Si les
« consuls le veulent*, car ils n'y sont pas contraints par le pri-
« vilège du seigneur roi ni d'aucune autre manière, si ce
« n'est qu'on suit en cela une coutume déjà ancienne (1). »
Le privilège de 1283, nous l'avons vu, conférait, en effet,
aux consuls un droit propre de juridiction : « *Terminent con-
« tractus et dissensiones.* »

L'appel devait être interjeté dans les dix jours (ch. 12) et
l'appelant avait pour faire juger l'appel trente jours pendant
lesquels l'exécution était suspendue. Ce délai suspensif fut
plus tard supprimé par un privilège en date de 1432 (ch. 18).

A l'origine le roi s'était réservé le droit de choisir lui-même
dans la corporation des gens de mer (*de arte maris*) le juge
d'appel. C'est ce que constate un privilège de 1284 qui, en
rappelant le privilège accordé pour l'élection des consuls
ajoute : « Eligatur et assignetur per nos vel per procuratorem
« regni Valencie aut ejus locum tenentem in absencia nostra
« quidam bonus vir et fide dignus de arte maris, ad quem
« omnes appellationes quas fieri contingat de processibus vel
« sentenciis seu composicionibus vel dictis dictorum consulum
« devolvantur (2). »

Mais nous voyons par le règlement de 1343 que le roi n'aurait pas usé de la faculté qu'il s'était réservée (ch. 3), et la
corporation des gens de mer fut admise à nommer en même
temps que les consuls un autre homme de la même corporation
(*de la dita art de la mar*) pour être juge d'appel des sentences
que rendront les consuls (3).

Le juge d'appel devait lui-même, suivant ce qui a été in-

(1) Règl., ch. X. Pardessus, V, p. 379.
(2) V. Pardessus, V, p. 371, note 3.
(3) Règl. ch. I. Pardessus, V, p. 371 et 375. « Le lendemain de Noël lesdits
« consuls accompagnés de quelques prud'hommes présenteront le juge d'appel
« élu à celui qui exerce la charge de procureur du royaume de Valence ou
« à son lieutenant, et ce juge prêtera entre les mains de cet officier le ser-
« ment de se comporter bien et loyalement dans ses fonctions : et ainsi pré-
« senté par les consuls, il sera reçu par le procureur du royaume en qualité
« de juge desdits appels. — Tel est l'usage, encore bien qu'il soit dit dans
« le privilège accordé aux prud'hommes de la mer par le seigneur roi au

diqué ci-dessus, prendre l'avis des prud'hommes, des marchands et de ceux des gens de mer, autres toutefois que ceux qui avaient été consultés lors de la sentence des consuls (règlement, ch. 15). Mais il résulte du règlement que le juge d'appel, pas plus que les consuls, n'était lié en principe par l'avis des prud'hommes.

Le règlement distingue deux sortes de causes, les causes par écrit et les causes verbales.

Lorsque l'instruction se fait par écrit, les parties se signifient leurs écritures de trois jours en trois jours. Si elles veulent faire entendre des témoins un délai leur est accordé. Puis les consuls, après avoir intimé les parties pour ouïr la sentence, se rendent devant l'assemblée des prud'hommes marchands et celle des prud'hommes de mer, accompagnés seulement de leur écrivain, et se bornent à *lire* la procédure (ch. 16) (1).

Au contraire, s'il s'agit d'une cause orale, les consuls après avoir entendu les parties et les témoins se rendent, accompagnés des parties, devant les conseils auxquels les parties peuvent exposer elles-mêmes leurs moyens (ch. 17).

La même distinction est reproduite pour la procédure d'appel. S'il s'agit d'une cause par écrit, le juge se borne à prendre connaissance de la procédure et à la soumettre aux conseils (ch. 15). Si, au contraire, il s'agit d'une cause verbale, le juge d'appel va trouver les consuls, et en présence des parties, s'informe près d'eux des motifs qui les ont décidés à rendre leurs sentences, puis, encore accompagnés des parties, il va demander l'avis des conseils.

Le règlement de Valence consacre expressément le principe que tout déclinatoire doit être jugé préalablement (ch. 17.

« sujet de l'élection dudit juge d'appel qu'il sera nommé chaque année par
« le seigneur roi ou par son procureur : car ledit seigneur roi et son procu-
« reur n'ont jamais exercé cette faculté en aucun temps depuis la concession
« de ce privilège. On agira donc ainsi qu'il est dit ci-dessus. »

(1) La procédure par écrit donna lieu à des abus parce qu'on multipliait les écritures. En conséquence, une ordonnance de 1510 relative à la procédure des consuls de Barcelone décida que les consuls ne seraient plus tenus de recevoir dans les procès d'autres écrits que la demande du demandeur et la réponse du défendeur (V. Pardessus, *Lois marit.*, V, p. 511 et s.).

Comp. art. 124, C. proc.). Il consacre aussi cet autre principe
de notre Code de procédure qu'une demande nouvelle ne peut
être faite en appel (ch. 13, art. 464, C. proc.).

Le règlement s'occupe de la récusation des témoins (ch. 9),
de celle des consuls (ch. 39) et de celle du juge d'appel (ch. 40).

Le chapitre 19 porte que les consuls en première instance
ne condamneront personne aux dépens. Mais M. Pardessus,
d'après Capmany, fait remarquer qu'un privilège de 1460 autorise à condamner aux dépens un plaideur de mauvaise foi (1).
Le juge d'appel prenait son salaire sur le montant de la condamnation (ch. 38).

Les sentences rendues étaient par elles-mêmes exécutoires.
Le règlement distingue s'il s'agit d'une exécution sur un navire et tout autre objet mobilier, ou sur des immeubles. Dans
le premier cas, les sentences des consuls et du juge d'appel
sont exécutoires (ch. 23). Lorsqu'au contraire il s'agit de saisie
de biens immeubles, les consuls requièrent les juges de la cité
(*la justicia*) de faire exécuter la sentence (ch. 26).

Majorque.

Majorque était dans la dépendance du royaume d'Aragon.

L'institution du consulat de la mer, qui avait été établie à
Valence par un privilège de 1283, Pierre IV d'Aragon l'étendit
à Majorque par une ordonnance de 1343 : *Capitula et ordinationes super officium consulatus maris civitatis Majoricorum ad
modum et formam civitatis Valentiæ per jam dictum dominum
regem jurata* (2).

Les gens de mer formaient aussi à Majorque une corporation distincte de celle des marchands. Cette corporation (*Caxia
marineriorum et patronorum*), avait à sa tête des clavaires
(*clavarii*) (3), conservateurs des deniers et des titres de la corporation (4).

(1) Pardessus, *Lois marit.*, V, p. 383, note 1.

(2) Capmany, *Memorias*, t. II, 155; Pardessus, V, p. 325; Schaube, *Das
Konsulat in Pisa*, p. 246.

(3) *Clavarii suprapositi Caxiæ Marineriorum et Patronorum.* Ord. de 1359.
Capmany, *Memorias*, IV, 133.

(4) V. Du Cange, v° *Clavarius*.

Dans son ordonnance de 1343, Pierre IV reconnait à la corporation des gens de mer le droit d'élire chaque année des
consuls et un *juge* (1), parmi les membres de la corporation
(*de hominibus artis maris*) pour trancher et résoudre toutes les
questions que fait naitre la navigation (*qui determinent et divi-
dant omnes quæstiones, que ex actis maritimis oriuntur*).

La juridiction des consuls de la mer rencontra des diffi-
cultés de la part de la municipalité de Majorque, *Jurati civitatis,* comme le prouve une requête adressée au roi, en 1359,
par les *Clavarii.* Le roi, à cette occasion, confirma le privilège
de 1313 et chargea son gouverneur de le faire respecter (2).

Barcelone.

Cette ville occupe une place à part dans l'histoire du droit
maritime. C'est là que parait avoir été rédigé l'utile recueil
connu sous le nom de *Consulat de la mer*, qui, au dire d'un
ancien auteur de la fin du xve siècle, aurait été aussi désigné
sous le nom de lois de *Barcelone* « consulares leges... ut que
« Rhodias olim, ita plerique nunc per orbem *Barcinonias* leges
« appellent (3). »

M. Pardessus dans sa collection des lois maritimes a reproduit d'après Capmany une ordonnance royale de 1258 sur la
police de la navigation pour Barcelone. Cette ordonnance qui
contient un grand nombre de dispositions semblables à celles
du consulat de la mer mais qui lui parait antérieure avait d'a-
près son préambule été délibérée *cum consilio proborum Ripariæ Barchinonæ super facto et ordinatione ejusdem ripariæ.* Le
roi en la concédant déclare qu'elle sera en vigueur, *quandiu
nobis placuerit, et universitati procerum ripariæ Barchinonæ* (4).

Une autre ordonnance de 1266 également rapportée par
M. Pardessus (5) concède aux mêmes conseillers, *consiliariis et*

---

(1) Il s'agit ici sans doute du juge d'appel. C'est en effet, on l'a vu, dans
cette même année 1313 que Pierre IV a accordé à Valence le droit d'élire
même le juge d'appel.

(2) Capmany, *Memorias,* IV, 133, 131.

(3) Jérome Paul cité par M. Pardessus, *Lois marit.,* II, p. 35.

(4) Pardessus, V, p. 339.

(5) *Ibid.,* p. 316.

probis hominibus Barchinonæ, le droit d'élire des consuls na-
viguant à bord des navires et ayant juridiction *tam in terra
quam in mare*. Ces consuls sont eux-mêmes placés sous la
surveillance et la juridiction des conseillers de Barcelone.

Mais dans ce qui précède il n'est pas question de consuls de
la mer à Barcelone.

En 1279 le roi d'Aragon accorde aux marchands de Barcelone (*universis mercatoribus Barchinonæ qui officium mercationis
seu negotiationis ibi exercent aut ibi exercuerint*) le droit de
choisir parmi eux deux marchands qui feraient tout ce qui serait nécessaire dans l'intérêt de la communauté ou des marchands en particulier (*qui faciant omnia quod necessaria viderint ad communem utilitatem ipsorum omnium et singulorum
super mercationibus suis bene et fideliter* (1).

Des auteurs ont prétendu trouver ici l'établissement du Consulat de la mer (2). Mais le texte lui-même indique qu'il ne
s'agit que des consuls *des marchands* et non des consuls de la
mer.

Une décision royale de 1282 qui exempte les Barcelonais
d'un impôt dans le port de Blanes fait mention de quatre *Pro-
curadores o Consules de Barcelona sobre negocios del mar*. Suivant
M. Schaube, il ne serait pas encore ici question des consuls
de la mer, mais simplement d'une délégation du pouvoir municipal spécialement chargée des affaires maritimes (3).

On a pu voir cependant plus haut que le privilège de 1283
par lequel Pierre III d'Aragon concède à Valence le droit
d'élire et de lui présenter chaque année deux consuls, *probos
homines maris* se réfère à la coutume de Barcelone, *prout est
in Barchinona fieri consuetum* (4).

Dans tous les cas, nous possédons un texte de 1302 qui
parle expressément des consuls de la mer. Nous y voyons que
chaque année deux consuls de la mer sont nommés par les
conseillers de Barcelone (*consiliarii et probi homines civitatis
Barchinona*) devant lesquels ils prêtent serment (*bene et lega-*

(1) Capmany, *Memorias*, II, 367.
(2) Capmany, I, 2, 113. — Twiss, *The black book of the Admiralty*, II, p.
LXVI.
(3) Schaube, *Das Konsulat in Pisa*, p. 219.
(4) Pardessus, II, p. 21.

liter se habere in ipso consulatu, non inspecto honore, amore vel timore alicujus (1).

Mais, comme l'a très bien fait remarquer M. Schaube (2), jusqu'ici les consuls de la mer ne nous apparaissent que comme des délégués du pouvoir municipal, et s'ils exerçaient une juridiction, c'était une juridiction municipale.

Suivant M. Pardessus, l'institution des consuls de la mer ne fut reconnue à Barcelone qu'en 1347 (3). Il est certain que quand même on ne devrait pas voir dans le privilége de 1347 une première charte d'investiture, ce privilége, du moins, fit entrer le consulat à Barcelone dans une phase nouvelle.

Nous avons vu qu'en 1343 Pierre IV d'Aragon reconnut aux prud'hommes et gens de mer de Majorque, le droit d'élire non seulement deux consuls, mais encore le juge d'appel. Le même privilége fut étendu à Barcelone en 1347 : *consules maris et judicem eorum sub ea scilicet forma, qua concessum est civitati Majoricarum de habendo consulatu* (4).

En 1394, une ordonnance royale fortifia et élargit encore l'institution du consulat de la mer à Barcelone en mettant les consuls à la tête des marchands et en instituant à côté des consuls un conseil choisi par eux. Aux consuls est reconnu le droit de tenir les assemblées des marchands, de délibérer avec la corporation. Dans son sein ils se choisissent un conseil de dix à vingt personnes (5) qu'ils peuvent changer à leur gré, et leur mission est des plus étendues, s'appliquant à toute espèce de négoce, *procurandi, manutenendi et deffendendi ubique artem mercantilem* (6).

A Barcelone, comme ailleurs, la juridiction des consuls de la mer rencontra des résistances et l'autorité royale dut intervenir pour régler les conflits. Tel fut l'objet de diverses cédules parmi lesquelles nous nous bornerons à citer une cé-

---

(1) Capmany, *Memorias*, I, 2, 151.

(2) Schaube, *Das Konsulat in Pisa*, p. 250.

(3) Pardessus, V. p. 371, note 1 et p. 485, note 3.

(4) Capmany, *Memorias*, II, 121.

(5) Le conseil des consuls fut définitivement fixé à 20, et l'usage se prit de le désigner sous le nom de Conseil des Vingt. Capmany, *Memorias*, IV, p. 203, 206, 301.

(6) Capmany, *Memorias*, II, 186.

dule de 1380 reproduite par Capmany (1), des cédules de
1405, 1409, 1432, rapportées dans la collection de M. Pardessus (2). Dans la cédule de 1405, le roi Martin d'Aragon
avait permis de décliner la juridiction des consuls de mer pour
requête civile ou prise à partie : mais, dès l'année 1409, il
reconnaissait que sous ce prétexte on éternisait les procès, et
par une cédule de 1409 il révoquait celle de 1405 en repous-
sant tout recours contre les décisions définitives des consuls
et du juge d'appel. Nous avons vu plus haut qu'en cas d'appel
l'exécution était suspendue pendant trente jours. La cédule
de 1432 permit de faire vider l'appel avant les trente jours.

Les consuls de Barcelone avaient, comme nous l'avons déjà
indiqué, des attributions très étendues, administratives et judiciaires. Devenus par le privilège de 1394 les prévôts des marchands, ils étaient chargés, avec le concours de leur conseil,
de recouvrer les taxes, celles notamment perçues sur les navires à l'entrée et à la sortie (3) ; ils avaient la surveillance des
changeurs et banquiers (4), celle des courtiers (5), et surveillaient tout le commerce en général (6).

En ce qui concerne spécialement les intérêts de la navigation, nous les voyons dès 1315 délibérer avec le pouvoir municipal pour la formation d'une escadre contre la piraterie (7)
intervenir dans le même but en 1473, *ut Balenario... omnis
via piratiæ navigandi percludatur et ex cetero mercantiliter navi-
gatur* (8).

A partir de 1401, par un privilège du roi Martin, les consuls de la mer devinrent juges de toutes les causes commerciales : *Omnes causas civiles provenientes... ex quibuscunque
artibus mercantilibus, ubicunque in terra et in mari* (9).

Enfin, les consuls de la mer délibéraient sur les règlements

<hr>

(1) *Memorias*, I, p. 151.
(2) Pardessus, V, p. 481, 483, 485.
(3) Capmany, II, 186.
(4) Capmany, II, 191.
(5) Capmany, II, 218, IV, 211.
(6) Capmany, II, 196.
(7) Capmany, II, 80.
(8) Capmany, IV, 266.
(9) Capmany, II, 192.

qui étaient proposés à la sanction royale ou qui étaient faits
au nom de la municipalité. Dans les textes recueillis par
M. Pardessus, nous trouvons par exemple un règlement sur
le consulat d'Alexandrie à la date de 1381 (1). Nous y voyons
que le règlement a été fait par les conseillers de la ville de
Barcelone « ayant tenu sur cela conseil et discussion à plu-
« sieurs reprises avec les honorables consuls de la mer de la
« ville de Barcelone (2). »

Telle était l'institution du consulat de la mer à Barcelone
au moyen-âge. A partir du xvi⁰ siècle le consulat de Barcelone
tendit de plus en plus à tomber sous la dépendance de l'autorité royale. Un privilège du roi Ferdinand, en date du 21 mai
1500 (3) décida que les consuls seraient tirés au sort, l'un
porte le titre de *consul militaire* l'autre de *consul marchand*. Le
conseil de vingt membres subsiste encore, mais les vingt conseillers sont également tirés au sort parmi les membres de la
corporation des marchands, divisée en deux classes, les anciens et les jeunes (*in viejos et jovenes*). A côté des consuls on
trouve deux avocats, six docteurs en droit nommés à vie. Sur
la demande des consuls le roi Ferdinand, par un privilège du
17 mai 1510, prit sous sa protection les consuls, leur conseil
et tous les officiers du consulat « Consules maris, Deffensores
« mercancie, advocati, Scribæ, Consiliarii, Virgarii, collectores
« jurium, et alios officiales et ministros dictæ Logiæ. » Et
comme signe de sa protection, le roi ordonna que l'écusson
royal serait apposé sur l'édifice du consulat (4). C'en était fait
de son indépendance et de ses anciens privilèges.

Le consulat de la mer nous est encore signalé dans plusieurs autres villes d'Espagne.

(1) Pardessus, V, p. 473.
(2) Le célèbre recueil connu sous le nom de *Consulat de la mer* sur l'origine duquel on a tant discuté parait, comme nous l'avons déjà dit, avoir été
rédigé à Barcelone, et on ne saurait le confondre avec les règlements faits
au nom des conseillers et marchands de Barcelone. Mais il est permis de
supposer que ce recueil de coutumes, de décisions fut rédigé par quelqu'un
touchant de près au consulat, probablement un des notaires ou des secrétaires
attachés au consulat (Wagner, *Das Konsulat des See. Zeitschrift für das ge-
sammte Handelsrecht*, 1881, p. 427).
(3) Capmany, III, 298.
(4) Capmany, *Memorias*, IV, 299-301.

Tortosa, Gerone, Tarragona paraissent avoir eu leur consulat de la mer (1). L'institution paraît même avoir été assez répandue, car nous voyons Alphonse V, par un privilège de 1442, instituer un consulat de la mer dans la petite ville de *Saint-Félix de Gerisoles* (comté de Gerone) (2) et un peu plus tard il confère le titre de chancelier près ce consulat (*Scribanum consulatus curiæ maris*) (3).

D'après M. Schaube, dans la seconde moitié du xvie siècle on trouverait des consuls de la mer même dans des villes non maritimes à Burgos, Séville, Bilbao. On peut s'étonner, dit-il, de voir des *consuls de la mer* dans des villes qui paraissent étrangères au commerce de mer. Mais on a vu qu'à Barcelone les consuls de la mer avaient été chargés de toutes les affaires commerciales en général, et on fut sans doute ainsi entrainé à étendre la dénomination de *consuls de la mer* (4) à de simples juges commerciaux (5).

L'opinion de M. Schaube me paraît reposer sur une confusion. Je me suis reporté aux différents textes de la collection Capmany (6) auxquels il renvoie, et il y est question non de *consuls de la mer*, mais simplement de consuls connaissant en général de toutes les causes commerciales. A Burgos comme dans d'autres villes il y avait très anciennement à côté de la chambre de commerce (*casa de contractacion*) une union (universitad) des corps de métiers, qui avait ses privilèges, ses franchises, pour tous ceux qui y étaient immatriculés, et qui était sous la direction d'un prieur et de deux consuls, chargés des intérêts de l'union, autorisés à percevoir des taxes; la juridiction fut concédée aux commerçants de Burgos comme à ceux de Valence, de Barcelone par une cédule de 1494 (7). Mais on ne constate à Burgos ni *consuls de mer* ni tribunal spécial pour les affaires maritimes. Il en est autrement à Séville

(1) V. Capmany, *Memorias*, III, 278.
(2) Capmany, IV, 231-238.
(3) *Ibid.*
(4) Capmany, *Codigo de las Costumbres maritimas de Barcelona*, p. xi et lx.
— *Id. Memorias*, I, 2, 156.
(5) *Das Konsulat in Pisa*, p. 268.
(6) Capmany, *Codigo de Barcelona*, p. xi et lx.
(7) Capmany, *Id.*, p. 62, et Pardessus, VI, p. 103 et p. 195, note 1.

où nous trouvons des *alcades de la mer*. Un texte qu'a rapporté M. Pardessus dans sa collection et qu'il attribue au XIVe siècle porte : « Les alcades de la mer et des barquiers de ri-
« vière connaîtront seulement des contestations relatives aux
« affaires de mer et de rivière, et non d'aucune autre, ainsi
« qu'il est dit dans une ordonnance du seigneur roi Alphonse
« qui s'exprime en ces termes : « Il est entendu que les alca-
« des de la mer et ceux des barquiers de rivière connaissent
« seulement des affaires relatives à la navigation maritime et
« à celle des rivières, et non d'aucune autre, et s'ils prenaient
« connaissance d'autres affaires sans le consentement d'alca-
« des majeurs, les jugements qu'ils auront rendus dans ces
« circonstances n'auront ni force ni valeur. En outre, les al-
« cades de barquiers sont établis par le roi, ou en son lieu et
« place, par les alcades majeurs de Séville (*puestos por el rey*
« *o por los alcaldes mayores de Sevilla en su lugar*), et le tribu-
« nal de ces alcades ressortira des alcades majeurs, ainsi que
« cela a toujours eu lieu, parce que c'est l'ordonnance faite
« anciennement par un privilège du seigneur roi D. Sanche,
« du 30 décembre de l'ère 1330 (1292) qui le décide ainsi (1). »
— Séville eut donc des *alcades de la mer*, mais ces alcades
établis par le roi paraissent n'avoir été que des officiers royaux.

France.

En France, nous ne trouvons l'institution du consulat de
la mer que dans quelques ports du Midi où elle paraît avoir
été une importation étrangère.

Dans les capitulaires on voit les comtes chargés de la garde
des rivages et juger assistés de prud'hommes ou scabins les
contestations relatives aux affaires maritimes. Il est fait mention
de *custodes maritimi* préposés par les seigneurs à la surveillance
des côtes (2).

---

(1) Pardessus, VI, p. 63.

(2) « Volumus ut comites qui ad custodiam maritimam deputati sunt, quicunque ex eis in suo ministerio residet, de *justitia facienda* se non excusare propter illam custodiam sed, si ibi secum suos scabinos habuerit, ibi placitum teneat et *justitiam* faciat. » Pardessus, *Lois marit.*, I, p. 203, notes, et IV, p. 223.

A la suite des croisades les officiers chargés de surveiller les côtes et de commander sur mer, prirent un titre d'origine orientale, celui d'*amiral* (2).

La royauté qui n'avait d'abord comme territoire maritime que la Picardie, étendit avec le temps son pouvoir sur les côtes de Normandie, de la Bretagne, de la Guyenne et de la Provence. Il y eut ainsi des amiraux de France, de Bretagne, de Guyenne (3).

On a vu que très anciennement les officiers chargés du commandement et de l'administration de la marine furent en même temps appelés à juger les contestations maritimes. Les amiraux institués par nos rois héritèrent du même privilège.

Telle fut l'origine de la juridiction de l'amirauté qui fut étendue à toutes les causes des commerçants étrangers, même non maritimes (4) et qui s'exerçait par des officiers rendant la justice au nom de l'amiral comme seigneur *haut justicier de la mer*, des rades, ports et rivages de la mer (5).

La juridiction de l'amirauté eut toutefois à compter avec diverses juridictions spéciales instituées pour le commerce.

De bonne heure l'expérience avait montré qu'il y avait avantage à choisir pour juger les contestations maritimes des hommes habitués à ce commerce. L'assise des Bourgeois du royaume de Jérusalem fait déjà mention des *jurés de la mer*. Sous les règnes de Henri II et de Charles IX furent créées les juridictions consulaires. Des conflits s'élevèrent entre ces juridictions et les amirautés.

A l'occasion de prétentions élevées par les prieurs et les marchands de Rouen, des édits de 1568, de 1572, renouvelés par des lettres-patentes de 1582 reconnaissent aux amirautés le droit de prononcer sur les contestations maritimes. En 1584 le Parlement de Rouen réserva aux prieurs et consuls les contestations relatives aux *assurances maritimes* (1). Mais l'ordonnance de 1681 proclama la compétence exclusive des tribu-

---

(1) Valin, *Comm. de l'ordonn. de* 1681, I, p. 23.
(2) V. Valin, I, p. 37.
(3) Pardessus, IV, p. 221.
(4) V. Valin, I, p. 47 et 85.
(5) Pardessus, IV, p. 236.

naux de l'amirauté pour toutes les contestations maritimes, même en matière d'assurances (1).

L'amirauté cependant était condamnée à disparaître. A la suite de la Révolution de 1789, les officiers de l'amirauté furent supprimés, les tribunaux de commerce héritèrent de la juridiction contentieuse et leurs attributions administratives furent confiées à des officiers de création nouvelle (2).

Mais il nous faut revenir en arrière. Trouvons-nous en France des consuls de mer?

Suivant M. Schaube, l'institution du consulat de la mer aurait passé d'Espagne en France. Établie à Perpignan par les rois d'Aragon, elle aurait, après la réunion du Roussillon à la France, sous Louis XI, été introduite à Montpellier en 1463, puis, faisant son chemin, l'institution des consuls de mer se serait étendue à Toulouse, en 1549, à Paris, en 1563, et à Marseille en 1565 (3). Nous croyons qu'ici encore M. Schaube a confondu à tort les consuls des *marchands* avec les *consuls de la mer*. Il est vraisemblable que l'institution des consuls de la mer ne fut pas sans influence sur la création des juridictions consulaires de 1549 et 1563, mais on ne peut pas confondre les deux institutions.

Rappelons encore qu'on ne saurait davantage comprendre sous le nom de *consuls de la mer*, ces consuls voyageant avec les navires que nous trouvons en France comme ailleurs au moyen-âge, et qui, à la réquisition des consuls ou des parties étaient délégués par la juridiction royale pour rendre la justice pendant le voyage à charge de rendre compte de leur mandat au retour. Nous en trouvons un exemple dans un privilège accordé en 1246 par saint Louis à la ville d'Aigues-Mortes où on lit ce qui suit : « Ad requisitionem consulum, « teneatur *curia nostra* predicta, in singulis viagiis maritimis, « daro plenam jurisdictionem uni ex habitatoribus loci a con- « sulibus presentato, qui icrit dicto viagio, super omnes de « regno nostro mercatores, nautas et naviarios et eorum fami- « liam, qui tamen de portu Aquarum Mortuarum item (iter)

<hr>

(1) Ordonn. de 1681, liv. I, tit. ii, art. 1 et s.

(2) Décret des 7-11 sept. 1790, art. 8 et 11. Loi du 9 août 1791, tit. V, art. 1.

(3) Schaube, *Das Konsulat in Pisa,* p. 268, 269.

« arripient : et quidquid emolumentum inde habuerit, ille
« consul cui data fuerit jurisdictio supradicta, reddat *curie*
« *nostre* predicte. Curia vero *nostra*, ipsi secundum laborem
« suum et quantitatem emolumenti, donat eidem in reditu cum
« consilio consulum, quod visum fuerit expedire (1). »

De ce privilège même il résulte, comme l'a fait remarquer
M. Pardessus (2), qu'à Aigues-Mortes le jugement des contestations maritimes appartenait au tribunal royal *curia nostra*.

Marseille, la plus ancienne et la plus importante de nos
places maritimes dans la Méditerranée, ne paraît pas elle-
même avoir eu des consuls de la mer. Le statut de Marseille,
publié par M. Pardessus (de 1253 à 1255) (3), nous donne
d'intéressants détails sur les consuls que Marseille instituait
à l'étranger pour les comptoirs du Levant. Ces consuls, qui
étaient assistés de *conseillers*, étaient, ainsi que les conseillers, nommés par les *rectores* ou premiers magistrats de Marseille, avec le concours des *syndics*, chargés des intérêts civils
de la commune, des *clavaires* qui avaient la garde du Trésor
et des archives, et enfin des chefs des sept corps de métiers.
A défaut de consul ainsi institué par les autorités marseil-
laises, le statut reconnaît partout aux négociants marseillais,
pourvu qu'ils se trouvent au nombre de dix ou de vingt, le
droit d'élire des consuls investis des mêmes attributions que
celles des consuls de la commune.

Les consuls, qui étaient en général élus pour un an, avaient
à la fois des pouvoirs de police et des attributions judiciaires.
En vertu de leur pouvoir de police, ils surveillaient les *fon-
dica*, sorte de bazars qui servaient au logement des négociants
et de leurs marchandises; avec l'avis de leurs conseillers, ils
avaient le droit d'expatrier et de renvoyer les hommes dangereux. Ils avaient avec eux un notaire pour tenir note des conventions et leur donner l'authenticité; ils pouvaient statuer
seuls comme arbitres avec le libre consentement des parties;
autrement, ils rendaient la justice avec l'assistance de leurs
conseillers. Comme juges, ils avaient droit à des émoluments

(1) Ord. du Louvre, IV, p. 47, 48.
(2) *Lois maritimes*, IV, p. 233.
(3) Pardessus, *Lois marit.*, IV, p. 256.

proportionnés à la condamnation et supportés par la partie
qui succombait.

Enfin, à bord des navires voyageant avec des passagers,
l'usage était d'élire des surveillants (*observatores*), qui étaient
chargés de présider aux rapports des passagers et du navire.

Mais dans ce qui précède, il n'est pas parlé de *consuls de
mer* établis à Marseille, et constituant une cour de mer, *curia
maris*. Le statut marseillais, il est vrai, parle d'*officiales curiæ*,
dit que les *observatores*, par exemple, sont subordonnés aux *offi-
cialibus curiæ* (1). Mais il ne paraît être ici question que du tribunal royal et seigneurial. A mesure que nos rois réunissaient
des fiefs à la couronne, ils plaçaient la juridiction qui avait
appartenu aux amiraux des grands feudataires dans les attributions de l'amiral de France, étendant ainsi pour les causes
maritimes le cercle des tribunaux de l'amirauté. Cela se fit à
Marseille comme ailleurs. Nous avons déjà dit que les tribunaux de l'amirauté entrèrent souvent en conflit avec les juridictions consulaires reconnues par la royauté. A Marseille, la
juridiction des consuls des marchands remonterait, d'après
un historien marseillais (2), à la seconde moitié du xiie siècle
(1162). Des lettres patentes de Charles VIII, du mois de janvier 1484, ordonnant que les deux juges des marchands élus
chaque année seraient obligés de juger dans quinze jours les
procès des étrangers et dans un mois ceux des habitants, parlent des juges consuls comme d'une institution déjà ancienne.
Mais il ne faut pas confondre la juridiction des juges consuls
avec celle des *consuls de la mer*. Des lettres patentes du roi
René d'Anjou, en date de 1457, autorisèrent la communauté
des pêcheurs marseillais à nommer chaque année quatre
prud'hommes pour veiller à l'exécution des règlements sur la
pêche et juger les contestations. Mais cette institution, qui a
été encore reconnue par une loi du 12 décembre 1790, ne saurait elle-même être confondue avec l'institution des consuls de
la mer. Cette institution ne paraît donc pas avoir existé à Marseille.

Nous la retrouvons, au contraire, à Perpignan et à Montpellier.

(1) Pardessus, *Lois marit.*, IV, p. 260.
(2) Juliany, *Essai sur le commerce de Marseille*, 1842, t. I, p. 325 et s.

Perpignan.

On sait que Perpignan avec le Roussillon appartint pendant longtemps aux rois d'Aragon. Il est donc tout simple que l'institution du consulat de la mer ailleurs reconnue par les rois d'Aragon ait aussi existé à Perpignan. Sur le consulat de la mer à Perpignan nous sommes très exactement renseignés : 1° par l'*Épitome* de Bosch de 1628 dont j'ai déjà parlé (1); 2° par un recueil imprimé en 1651 à Perpignan par l'ordre des consuls de mer (2).

Le *Consulat de la mer* créé d'abord à Valence par un privilège de 1283, puis établi à Majorque par un privilège de 1343, à Barcelone par un privilège de 1347 fut institué à Perpignan par un privilège du roi don Juan d'Aragon en 1388, qui enleva à la juridiction ordinaire la connaissance des affaires de commerce pour les attribuer aux consuls de mer, leur assesseur, et un juge d'appel (3).

Le consulat de la mer de Perpignan ressemble beaucoup à celui de Barcelone.

A Perpignan comme à Barcelone il y avait deux consuls de la mer nommés par les consuls de la commune. Ils avaient près d'eux comme assesseurs, un juge et un conseil qui, à Perpignan, se composait au plus de quinze marchands. Un défenseur, *defennedor* était chargé de défendre les droits et prérogatives du consulat. Le consulat avait aussi un *syndic*, un *notaire* ou *écrivain*, des huissiers ou *verguers* chargés de mettre à exécution les décisions du consulat.

Les consuls de la mer furent d'abord spécialement chargés de juger les causes maritimes (4). Mais avec le temps le privi-

(1) Summari in lex epitome dels admirables y nobilissims Titols de honors de Cathalunya. Perpynia, 1628. — Le chap. 21 s'occupe particulièrement des consuls de la mer.

(2) Libre de privilegis, usos, stils y ordinacions de Consulat de mer de la fidelissima Villa de Perpynia, 1651. — Pardessus, *Lois marit.*, IV, p. 235.

(3) Quel roy Da Juan ab dit privilegi dismembra de la jurisdictio ordinaria la des consicer de sets, y tractes mercantinols y la attributi als dos cosuls de mar, assessor y jutge de appels (Bosch . *Epitome*, ch. 21, p. 153).

(4) Tenen poder de determinar tots questions de nolits, domnatge de robes que si en carregades en nau, de bloguers de marineros, y altres fets in olts

lège des consuls de mer s'étendit à beaucoup d'affaires commerciales (privilèges du 15 janv. 1400-1411) (1).

La procédure était sommaire et calquée sans doute sur celle
tracée par le règlement de Valence. On n'admettait pas l'intervention d'avocats ni de procureurs si ce n'est dans les
causes intéressant des mineurs, veuves ou absents (2).

Le consulat pouvait lui-même réprimer toutes les offenses
faites à sa juridiction.

De même qu'à Barcelone les consuls de la mer de Perpignan pouvaient percevoir des taxes. En 1394 les consuls de
la mer de Perpignan obtinrent le droit de percevoir la taxe
connue sous le nom de *pariage*, à la condition qu'elle serait
employée dans l'intérêt commun de tout le commerce de la
Catalogne *utilitas universalis artis mercantilis totius Cathaloniæ
Principatus*. Mais en 1397 les consuls furent autorisés à rete-
nir 1,000 florins d'or pour louer ou acheter un édifice destiné
à l'installation du consulat. Les consuls de la mer de Barcelone
ayant réclamé contre ce privilège, les consuls de Perpignan,
en 1398, furent mandés devant la Chancellerie royale, et les
consuls de Barcelone obtinrent gain de cause (3).

Montpellier.

Au moyen-âge deux juridictions s'exercent simultanément
à Montpellier, celle du seigneur ou du roi, et celle de la commune.

La juridiction du seigneur est représentée par la cour du
Bayle avec appel devant la cour du lieutenant royal ou gouverneur.

En regard de ces cours seigneuriales, apparaît l'autorité de
la commune personnifiée dans le consulat. Il y avait d'abord
les consuls *majeurs* nommés par les chefs des sept corps de
métiers, par un mode d'élection assez compliqué à deux ou
trois degrés. Chaque corps de métiers avait ses consuls parti-

maritimes particulars, quo son expressato an la dit privilegi de Barcelon
(Bosch, *Epitome*, p. 156).
(1) Bosch, *Epitome*, p. 157.
(2) Bosch, *Epitome*, p. 160.
(3) Capmany, *Memorias*, IV, 201.

culiers qui veillaient aux intérêts de la corporation. Un troisième ordre de consuls était celui des *consuls de la mer*.

Suivant un historien de la ville de Montpellier (1), cette ville aurait eu un consulat de la mer dès le temps de la première croisade. Mais cette opinion ne s'appuie sur aucun document précis.

A Montpellier les consuls de la mer furent d'abord de simples édiles chargés de l'entretien du port et de la perception des droits de douanes comme à Gênes (2).

Un document de 1150 reproduit par Germain dans son histoire du commerce de Montpellier (3) parle de trois consuls de mer et un consul adjoint présent à Montpellier et nous renseigne sur leurs attributions. Pierre de Congue, évêque de Maguelone, concède moyennant une taxe annuelle de quatre livres, aux consuls de la mer et à la communauté de Montpellier, une partie de terre en nature de bois située entre la mer et l'étang à l'effet d'y creuser un bras navigable, et d'établir une communication entre l'étang et la mer (*ad faciendum gradum, per quem mercatores et navigantes, undecumque sint, poterunt libera... intrare et exire de mari in stagno*). Nous voyons aussi les consuls de mer chargés de faire des travaux et constructions dans l'intérêt de la navigation, de percevoir des taxes au nom de la communauté. En 1258, les consuls de la communauté de Montpellier règlent l'élection des consuls de la mer, pour laquelle on n'avait pas jusque-là de règles fixes (*cum super electionem maris consulum faciendam nulla esset tradita certa forma, sed ex usu retro temporibus in modum non convenientem neque congruum processisset* (4). Le soir de la Saint-Sylvestre, les douze consuls majeurs de Montpellier choisissent pour le consulat de la mer vingt candidats; ces vingt candidats sont partagés en quatre groupes, et dans chacun d'eux on tire au sort un consul pour l'année suivante. Les consuls de la mer ne sont rééligibles qu'au bout de trois ans. Ce mode d'élection tomba en désuétude à la fin du xive siècle.

---

(1) Germain, *Histoire de la commune de Montpellier*, 1851, t. I, 5, II, 10 et *Histoire du commerce de Montpellier*, 1861.

(2) Pardessus, IV, p. 231.

(3) I, 209.

(4) Germain, *Histoire du commerce de Montpellier*, I, 239.

Les archives de Montpellier constatent que, dès 1383, les consuls majeurs s'attribuèrent directement la nomination des quatre consuls de mer (1). Dans les archives de Montpellier, on trouve pour cette période le cérémonial de l'élection des consuls. On voit que l'élection se faisait le premier jour de l'an. Tous les consuls, y compris *ceux des métiers*, étaient convoqués à son de cloche en *leurs robbes du consulat*. On entendait la messe, et après, un discours fait en l'honneur des consuls de mer, « les louant de les reparations que ont faictes « en leur année en la robyne, en l'estang, au chemin de « Lates et ailleurs, » un des seigneurs consuls donne par écrit au notaire du consulat les noms des quatre nouveaux consuls, qui les lit à haute voix en présence du peuple (2).

Germain a reproduit en langue provençale le serment que prêtaient entre les mains des consuls majeurs les consuls de la mer de Montpellier (3). Ces derniers jurent de remplir loyalement leurs fonctions, de lever les taxes établies sur les marchandises passant de Montpellier à son port maritime de Lattes, et d'employer les revenus à l'entretien et amélioration des canaux et voies de communication avec le port. Pour la perception des taxes, ils ont le droit de nommer un préposé toujours révocable. Ils jurent de prêter leur assistance aux navigateurs près des consuls de la ville quand elle leur sera demandée et de ne pas trahir les secrets qui leur seront confiés. »

Dans un *établissement* rapporté également par Germain dans son Histoire du commerce de Montpellier (4), on voit clairement que les consuls de la mer paraiss ent avoir été principalement institués pour la perception des taxes à l'entrée ou à la sortie des ports de Montpellier ou de Lattes. « Nos cossols « de Montpeslier... establiens, que 4 prohomes sian elegutz « por los 12 cossols, *a recebre las meolhas* o autra quantitat « de nos establidoira, o dels successors nostres, dels navi- « gans de Montpeslier o del castel de Latas, per mar o per

(1) Germain, II, p. 76.
(2) Germain, *Histoire du commerce de Montpellier*, II, p. 110.
(3) II, p. 72. Cette formule, qui n'est pas datée, appartient au commencement du xive siècle, mais paraît en réalité remonter à un état de choses antérieur. Schaube, *Das Konsulat in Pisa*, p. 237.
(4) II, p. 71.

« estanh anant o tornant, o a Montpeslier o a Latas per mar
« o per estanh venant, liguals mezens 4 proshomes cossols de
« mar sian apelatz. » Plus loin il est dit que les consuls devront respecter les franchises des Génois et Pisans, que les
taxes perçues seront employées non seulement à l'entretien
des ports et canaux, mais encore à la répression de la piraterie soit sur mer, soit sur l'étang et, en général, à l'utilité de
la navigation. Mais pour toutes les grosses dépenses les consuls de la mer doivent prendre conseil des consuls de la ville,
et ils doivent leur rendre compte à la fin de l'année.

Dans un document de 1383 que cite M. Germain (1), nous
voyons que les quatre consuls élus étaient un changeur, un
épicier, un drapier, un marchand de grains : les diverses
branches du commerce, comme le fait remarquer M. Schaube,
étaient donc représentées dans le consulat de la mer (2).

Jusqu'ici les consuls de la mer de Montpellier ne nous apparaissent, à l'instar de ceux de Gênes, que comme de simples
collecteurs de taxes avec le droit de pourvoir à l'emploi des
fonds dans l'intérêt de la navigation.

Mais sous Louis XI le rôle des consuls de mer de Montpellier fut singulièrement élargi. Pour la première fois, ils
furent investis d'un droit de juridiction et devinrent, à l'exemple de ceux de Perpignan, de véritables juges. Une ordonnance du 12 septembre 1463 « commande que tous les ans les
« consuls de Montpellier puissent élire consuls de mer qui
« auront pouvoir de cognoistre et décider dedans la Loge
« neuve construite par les marchands au dit lieu, de tous
« debats et questions qui sourdront à cause des marchandises
« d'icelle ville, et des ports d'Aiguesmortes et Agde... tout
« ainsi et en la même forme et manière que font et ont ac-
« coutumé de faire au consulat de mer de la ville de Perpi-
« gnan (3). »

Leur procédure devait être sommaire (*sommairement et de
plain, sans procès et figureurs de jugement*). On voulait avant
tout abréger la longueur des procès qui, devant les juridic-

(1) Germain, *Hist. du commerce de Montpellier*, II, 76 et 307.
(2) *Das Konsulat in Pisa*, p. 238.
(3) Germain, *Id.*, II, 386, 75. Pardessus, *Lois marit.*, IV, p. 231, 232.

lions ordinaires, avaient, d'après l'ordonnance, ruiné beaucoup de marchands (*dont plusieurs marchands sont venus à
pauvretté*).

Un certificat délivré le 12 novembre 1612 par les consuls
majeurs de Montpellier constate que les quatre consuls de mer
comprenaient alors un bourgeois, un marchand d'épiceries,
un marchand de toiles ou laines et un mangonnier. « Ils ont
juridiction dans ladite ville, dit le certificat, de toutes les
questions qui interviennent entre les marchands : et de leurs
sentences, il y a appel ez la cour du parlement, sauf en ce
qui est de la facture des soyes et laynes, qui se facturent
dans la diete ville. De ces deux cas, ils jugent souverainement
sans appel, en présence du *conseil des vingt-quatre* de la diete
ville suivant lettres pattentes de sa majesté données à Paris
au mois de juillet l'an 1493, estant leur juridiction jusques
aux grandes Maguelonne et Agde comme cognoissans *aussi*
de toutes contestations qui interviennent sur le faict de la
marine. Et pour faire justice ils s'assemblent deux jours de la
semaine qui sont les mardy et vendredy après disner, où ils
tiennent leurs assises ayant là un greffier pour escripre toutes
les causes qui se mouvent par devant eux et ung bedeau qui
assigne les parties (1). »

Louis XIII, par un privilége de 1613 (2), confirma la juridiction des consuls de mer de Montpellier « pour cognoistre et
« decider de tous procès et differans meus entre marchands
« de la dite ville et des ports d'Aigues-Mortes et d'Agde, *pour*
« *faict de marchandise.* »

On a vu plus haut qu'à Perpignan le juge d'appel était élu
en même temps que les consuls. A Montpellier, nous ne trouvons pas de juge d'appel : cet appel se portait devant la Cour
du Parlement.

Le consulat de la mer ne disparut à Montpellier que sous
Louis XIV, et fut remplacé en 1691 par la *Bourse commune
des marchands* (3).

<hr>

(1) Germain, *Hist du comm. de Montpellier*, II, 76.
(2) Germain, II, p. 526.
(3) *Ibid.*, 75.

Conclusion.

Dans l'enquête à laquelle nous nous sommes livrés on a pu vérifier ce que nous avions dit en commençant de l'institution du consulat de la mer. On a pu voir que l'institution ne parait pas remonter au delà du xiii° siècle, qu'elle prit sans doute naissance en Italie, et que de là elle se répandit en Espagne, puis dans certains ports du midi de la France. Les consuls de la mer, magistrats élus, sont presque partout assistés d'un conseil, mais leurs fonctions ne sont pas purement judiciaires, ils ont aussi des attributions administratives, la surveillance de la navigation et des intérêts maritimes, le droit de percevoir des taxes, et en certains ports ils paraissent principalement chargés du service des douanes. La juridiction des consuls de la mer statue en dernier ressort, ou est soumise à l'appel suivant la nature et l'importance des causes. Leur compétence n'est pas toujours limitée aux affaires purement maritimes : elle s'étendait aussi aux causes commerciales. Cette compétence, au surplus, dut varier suivant les lieux, et suivant les concessions faites par le pouvoir royal.

Dès la fin du xiv° siècle, les consuls de la mer se confondent de plus en plus avec les consuls des marchands. Les tribunaux de l'amirauté en particulier devaient recueillir l'héritage des consuls de la mer.

BAR-LE-DUC, IMPRIMERIE CONTANT LAGUERRE.

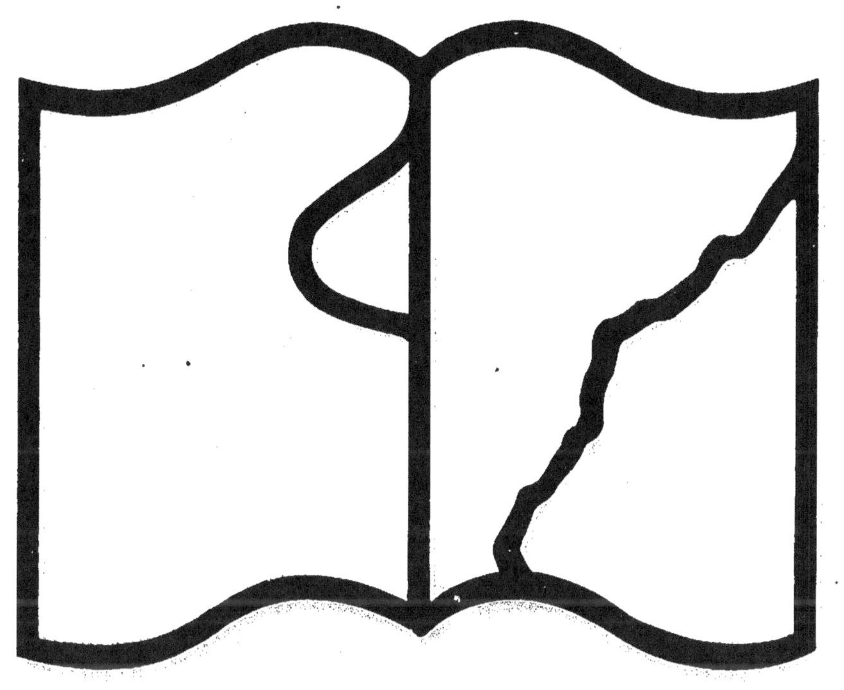